高师院校
可持续发展论

GAOSHIYUANXIAO KECHIXU FAZHANLUN

柳清秀　崔波　柳隽宇◎著

中国社会科学出版社

图书在版编目（CIP）数据

高师院校可持续发展论／柳清秀、崔波、柳隽宇著.
—北京：中国社会科学出版社，2010.7
　ISBN 978-7-5004-8919-1

　Ⅰ.①高…　Ⅱ.①柳…　②崔…　③柳…　Ⅲ.①师范大学
－可持续发展－研究－中国　Ⅳ.①G659.21

中国版本图书馆 CIP 数据核字（2010）第 137341 号

策划编辑　冯　斌
责任编辑　丁玉灵
责任校对　石春梅
封面设计　人文在线
技术编辑　戴　宽

出版发行　中国社会科学出版社

社　　址　北京鼓楼西大街甲 158 号　　邮　编　100720
电　　话　010 - 84029450（邮购）
网　　址　http://www.csspw.cn
经　　销　新华书店
印　　刷　新魏印刷厂　　　　　　　　　装　订　广增装订厂
版　　次　2010 年 7 月第 1 版　　　　　印　次　2010 年 7 月第 1 次印刷
开　　本　710×1000　1/16
印　　张　15.25
字　　数　193 千字
定　　价　28.00 元

contents | 目　录

序

一　可持续发展与高师院校可持续发展论

可持续发展是一种新的社会发展观和价值观，它是一个综合性概念，其基本的含义是提高人类社会得以生存和发展的能力。

"可持续发展"这个概念，最早是在 1980 年 3 月 "国际自然保护同盟" 公布的《世界自然资源保护大纲》中提出来的。近 30 年来，科技的迅速发展带来了知识的日新月异，促进生产力的不断提高，经济的快速增长，甚至某一方面的生产能力达到了一定极限。由此，人们不得不考虑这种发展的可持续性。所以，"可持续发展早已从生态环境领域向社会其他各个领域拓展，是人类单纯追求经济发展、单纯重视环境保护到追求环境可持续协调发展并在认识上的重大飞跃，是 20 世纪 90 年代起人类共同选择和追求的目标"①。由于可持续发展是一个涉及多学科、多领域的综合概念，因此，对其含义的理解众说纷纭，目前在全世界范围内认同的定义是 1987 年的世界环境与发展委员会在题为《我们共同的未来》（不兰特拉报

---

① 韩延明：《大学教育现代化》，山东教育出版社 1999 年版，第 135 页。

1

告）中给出的："可持续发展是既满足当代人的需要，又不对后代人满足其需要的能力构成危害的发展。"① 因此，1992 年的世界环境与发展大会通过了全球《21 世纪议程》，国际社会对可持续发展达成共识：可持续发展是人类社会迈向新世纪的目标依据和行动纲领。中国十分重视可持续发展问题，并把它作为现代化建设的重大战略方针，1994 年 3 月编制完成了《中国 21 世纪议程——中国 21 世纪人口、环境与发展白皮书》，制定了促进经济、人口、社会、资源和环境相互协调和持续发展的总体战略、政策和行动方案。1996 年 3 月，美国"总统可持续发展委员会"（PCSD）在题为《可持续发展的美国》的研究报告中，提出了面向可持续发展的 10 项国家发展目标和 16 条共识。可持续发展不仅仅是环境问题、经济问题，而且涉及社会的各个方面，其中还包括教育的问题。2008 年美国议会通过了《高等教育可持续发展法案》，以法案形式保障高等教育的可持续发展。

由此看出，"可持续发展包括两层含义：一是多系统集成的全社会或者全人类的可持续发展；二是单系统内部自身内在的可持续发展。与此相适应，大学教育作为社会大系统中的一个子系统，在可持续发展战略上也主要有两个方面：一是大学教育如何与社会大系统相吻合，有力地推动全社会的可持续发展；二是大学教育如何乘借可持续发展的战略与机遇，有效地使自身得到可持续发展"②。高师院校是大学教育的重要组成部分，它的可持续发展关系到整个教育的发展，科技的进步，文化的繁荣，乃至民族和国家的前途命运。因此，探讨高师院校可持续发展也就成了我们目前选择的重要课题之一。

---

① 《我们的未来》，世界知识出版社 1989 年版，第 140 页。
② 韩延明：《大学教育现代化》，山东教育出版社 1999 年版，第 135 页。

随着社会的发展，高师院校已不仅是以培养中小学教师为唯一目标的定向型教育，而且，它还在引导教育理念创新、促进科技发展以及直接为社会服务等方面发挥积极的作用。从当前的发展趋势来看，高师院校面临着许多风险。首先是中等师范教育的终结给高师院校带来的冲击。在我国盛行几十年的中等师范教育，从20世纪90年代开始衰退，新世纪到来之前已经寿终正寝。由中师、专科和本科三级师范教育变成目前的专科和本科两级师范教育。这充分说明社会的发展与经济的繁荣，促进人们希望接受更高层次教育的积极因素的推动作用，也有政府的政策导向功能。三者的结合，完成了历史性的转折。以此类推，目前的两级师范教育是否也由于上述原因变成本科一级师范教育，甚至若干年后也会终结，不免令人担忧。其次是综合性大学培养的毕业生也可以补充到中小学从事教师工作，扩大师资来源，也冲击着高等师范教育，直接挤压高师院校毕业生的就业，增加高师院校的竞争压力。最后是因计划生育国策的贯彻执行，人们生育观念的改变，少生优育观念的形成，使我国人口的减少已经成为一种趋势。湖北省2009年学校数减少3000余所，学生减少120万人。① 全国将减少学校和学生数尚无定论。它将影响高师院校的招生问题，构成高师院校的风险。面对高师院校存在的风险，探究它的可持续发展，使其长期经营下去，不至于衰退、终结，已经成为研究者们的一件大事。

从2004年起，我们就意识到这个问题，同年组成团队课题组，由学校教育科学学院江新华院长牵头，向学校申报立项成功。然后按方向分工写作，作者先后发表了15篇与高师院校可持续发展相关的论文，一直思考怎样将其集合成为一个小册子未果。2009年3月

---

① 湖北：《楚天都市报》2009年5月25日，第25版。

学校科研处组织申报湖北省教育科学规划研究课题（高等教育类），要求在原有的研究成果上进行申报。于是，作者就把所写论文汇集、充实和编排，把原来的单篇逻辑地聚合在一起，构成一个系统，形成整体性、应用性和指导性，取名为《高师院校可持续发展论》，同年，获得湖北省教育科学规划领导小组的批准立项。

二 省内外同类课题研究述评

到目前为止，在国内外资料中，与高等教育可持续发展有关又见诸报刊的文章有 500 多篇，其中直接使用"可持续发展"研究各类高等教育发展的理论文章有 200 多篇。在这些文章中对市场经济与高等教育的关系、高等教育的投资体制与管理体制、高等教育的产业性质、高等教育的投入与产出等问题都进行了深入的研究，并且取得了一定的研究成果，但直接描述高师院校可持续发展的文章鲜见。

（一）省内研究高等教育可持续发展理论的现状

湖北高等教育进入大众化阶段后，高等学校综合实力较强，出现了一批国内外知名的大学：如武汉大学、华中科技大学等部委属重点大学，综合实力居全国前列。在国家计委批复立项的"211 工程"国家重点建设的 91 所高等学校中，湖北就有 6 所，仅次于北京、江苏和上海。所有这些都反映出湖北高校的办学水平在不断上升，综合实力不断加强。但是，除教育部直属的规模较大的院校外，省属高等院校的 70% 以上平均规模不足，湖北省高等教育中省属高校存在着明显的结构缺陷。这些缺陷表现为：办学规模小、办学效益不高、专业设置重复和陈旧、培养层次低、资源配置分散、管理体制条块分割等。1999 年武汉理工大学，高等教育研究所马廷奇教授发表《科学发展观视野中的湖北省高等教育规模、结构分析》一文，对湖北省高等学校的整体规模、结构进行分析，阐述了如何运用科学发展观的理念来审视湖北省高等学校的规模、结构的改革与发展，实现高等教育的可持续发展。

同年，武汉水利电力大学的王碧云教授的《可持续发展理念与工程教育改革》认为，高等教育的可持续发展，在概念上是对高等教育的一种新诠释，它更强调在全人类生存发展的背景下，思考高等教育的改革与发展问题。教育理论界一贯提倡的按教育规律办事，高等学校依法自主面向社会办学，增强自身"造血功能"，要从生态圈、环境圈看高等教育，拓展其办学思想、领域和资源，在根本上实现可持续发展问题。

2003年中南民族大学管理学院的赵映川教授在《可持续发展与高等教育的构建》中指出，高等教育与可持续发展的关系密切，高等教育必须为实现可持续发展战略在教育的本质属性、培养学生全面发展、科学教育与人文教育统一等方面进行重新构建。文章强调，大学本身的发展要以整体、公平、协调的方式进行，最终培养出适应时代要求的理性生态人。

陈闻晋教授等人的《中国高等教育可持续发展的若干观念问题》一文认为，确立可持续发展观是实现高等教育可持续发展的关键。高等教育可持续发展是指高等教育把实现自身的目标和理想建立在可持续发展的观念体系和战略目标的范畴内，具有生态学、环境学的特征，与社会的可持续发展战略相一致。高等教育可持续发展观包含时空观、要素观、产业观等主要内容，目标是塑造"绿色人格"、"环境品德"和"生态素养"。

武汉大学刘家旭教授在《高等学校可持续发展若干问题探讨》一文中，对高等学校可持续发展的制约因素和高校坚持走可持续发展道路的对策与建议进行了分析，为高等学校可持续发展问题提供了指导。

　　湖北师范学院教育科学学院柳清秀教授从 2004 年到 2009 年，历时 6 年，主要探讨高师院校在市场经济条件下如何可持续发展问题。在研究中，从这一课题入手，拓展到整个高校的研究直至高等教育的有关问题的研究。通过多年的研究，作者完成与课题有关的论文 15 篇和获得"高校风险管理"省级课题 1 项。主要研究内容有高师院校可持续发展师资体系的构建、高师院校可持续发展管理机制、高师院校可持续发展三层权力结构的权力划分、高师院校可持续发展分配机制、高师院校可持续发展投资新模式、高师院校可持续发展财务预警机制、高师院校可持续发展的多元化就业观的选择、高师院校可持续发展教育实习新模式等方面的内容，为高师院校可持续发展提供理论和方法指导，从而促进高等教育的可持续发展。

　　（二）省外研究高校可持续发展的若干视角

　　目前，联合国教科文组织和美国、英国、澳大利亚、加拿大等发达国家探讨高等教育与可持续发展的论文及召开的研讨会比较多，因此，高等教育的理论成果也就相对较多，但由于"可持续发展"庞大而又复杂的内涵与外延，人们研究的角度与使用这个概念的目的也不一致，进而，就出现了不同的理论结论与实践途径。

　　省外在高等教育的可持续发展理论研究中有以下 4 种不同的研究视角。

　　功能作用研究——即通过教育来推动和实施国家的可持续发展战略。继在南非约翰内斯堡召开的可持续发展世界高峰会（WSSD）后，2002 年 9 月 11 日至 13 日在波兰罗兹大学召开了"高等教育在可持续发展中的角色"国际研讨会，会议从理论、研究和管理等方面探讨了高等教育在可持续发展贡献中的角色问题。这种研究视角在国外召开的高等教育可持续发展的会议中是主流议题。

　　条件关系研究——即把与教育自身发展紧密相关的条件作为高

等教育可持续发展的研究内容。清华大学方惠坚、范德清主编的《2000年中国高等教育的改革与发展》中对高等教育的可持续发展在校园环境、办学条件和师资队伍三个方面进行了阐述，希望"引起政府和社会的重视，有识之士都来献计献策，提出我国高等教育可持续发展的良策"。

系统评价研究——系统评价研究是以系统思想和系统理论为指导，采取定性与定量相结合的综合集成方法，从系统科学的角度对教育的可持续发展进行整体的、综合的研究，并提出了教育可持续发展的指标体系及系统评价方法。其中代表作是厦门大学经济系米红、肖猛的《我国高等教育可持续发展模式及其国际比较研究》。其核心在于为我国高等教育实行可持续发展提供定量化的理论依据和理想目标。

因素影响研究——即把影响高等教育发展的主要因素，包括社会因素、经济因素和自身因素，放到一起进行综合分析研究，从时代的特征、时代的要求出发，形成一个较为完整的高等教育可持续发展的理论体系。其代表作是江西师范大学陈运平的文章，该文论述了高等教育的可持续发展是一个由数量、质量、结构、效益四要素组成的相互依存、相互协调的过程。贵州民族学院刘胜康教授，从教育可持续发展的实质内容、内外因条件、目标体系、根本途径等方面的论析也很有特点。

综上所述，由于人们对"高等教育可持续发展"这一命题关注的角度不同，对基本概念的理解也就不一致，还没有形成一个共同的认识。

在我国，前几年受可持续性（Sustainability）观念的影响，高等教育理论界出现过研究的热潮，但由于受当时认识的局限以及思想长期受计划经济的影响，高等教育可持续发展研究并没有真正深入下去。

所以，选择高师院校可持续发展论这个课题有研究价值。在原有研究的基础上，进一步加深研究，拓宽研究内容，力求体现研究的整体性、应用性和指导性，完整而系统地分析高师院校可持续发展问题，比较深入地研究我国高师院校在发展过程中的经验和教训，从而促进我国高等教育的可持续发展。

三　高师院校可持续发展论的研究内容

高师院校可持续发展论的研究内容，在原课题研究的基础上，作者重新进行了整体构思，将原有研究成果逻辑性地排列、补充、丰富和完善，按照著作结构的一般要求，将内容紧密地串联起来，并注明作者姓名、发表的刊物名称和期号。构成高师院校可持续发展管理机制、高师院校人力资源可持续发展策略、高师院校可持续发展分配机制、高师院校可持续发展财务机制的构建、高师院校可持续发展师资培养策略、高师院校教学与新课改要求的对接策略、高师院校可持续发展课堂模拟实践课的教学、高师院校可持续发展教育实习新模式、高师院校可持续发展的多元就业观和高师院校可持续发展面试技巧综述十章，另加序一篇。对高师院校可持续发展的基本问题进行了阐述，提出了一些有益的见解，分析了可持续发展的基本策略和做法，是一部比较全面论述高师院校可持续发展的专著。

本课题成员、青年教师崔波、柳隽宇同志积极参加了《高师院校可持续发展论》的研究，并取得了一定的成果。

崔波同志参加了第二章高师院校人力资源可持续发展策略、第四章第三节高师院校可持续发展投资新模式和第七章第三节《班级教育管理艺术》课程"1＋5教学模式"评价的撰写工作。

柳隽宇同志参加了第七章第一节高师院校可持续发展课堂模拟实

践课的设计与组织实施、第八章第一节高师院校学生教育实习前基本功的训练和第十章高师院校可持续发展面试技巧综述的撰写工作。

研究中，崔波和柳隽宇同志，思维敏捷，视野开阔；有一定的功底，刻苦探究事物本源的能力；很强的团队合作精神和严谨的治学态度。总之，都呈现出可喜势头。

崔波和柳隽宇同志还自始至终参加了《高师院校可持续发展论》著作的结构安排策划，并提出了许多有益的观点和建议，都得到了主笔的采纳。

四　高师院校可持续发展论的创新点

高师院校可持续发展论的创新之处，在于提出了高师院校在市场经济条件下面临诸多风险，要使高师院校长期经营下去，不至于衰退和终结，就要积极探究其可持续发展的理论和方法。围绕这个观点，作者从多方面、多角度，以理论为指导，结合高师院校的实际，有针对性地进行论述，始终运用新理念、新思想、新思维、新方法和新途径探究高师院校可持续发展的问题。力求体现系统性、整体性、应用性和指导性，为高师院校可持续发展提供理论和方法指导。

五　高师院校可持续发展论研究的重、难点

在研究中明确研究的重点是高师院校可持续发展师资体系的构建，高师院校在培养中小学师资的同时，应承担培养职业技术教育师资任务，设置职业技术教育专业、开设职业技术教育课程和进行培养职业技术教育师资层次定位，有针对性地培养职业技术教育的合格师资，加快培养步伐，适应职业技术教育发展的需要，从而促进高师院校可持续发展师资体系的构建。高师院校可持续发展财务

预警机制的构建和高师院校教学与新课改要求的对接策略以及高师院校可持续发展课堂模拟实践课的教学等都是高师院校可持续发展论探讨的重点。

高师院校可持续发展论研究的难点是高师院校可持续发展的"校—院—系"三级管理体制权力的划分、"双学位"教师培养模式、"双学位"教师培养模式的实施以及"双学位"教师培养模式改革的内容等。

六 高师院校可持续发展论的研究方法

开展高师院校可持续发展论的研究，主要探讨高师院校在市场经济条件下如何可持续发展的问题。在研究中，主要运用历史研究法、观察法、思辨法和逻辑推演等方法进行研究的。

七 高师院校可持续发展论结题感想

通过几年的团队合作研究，打下了《高师院校可持续发展论》成书的基础。没有当时的团队合作与分工激励写作，就不可能有《高师院校可持续发展论》的问世。因而，作者深深地体会到有以下几点收获：

（一）整合了研究力量，加强了团队合作研究精神

教育科学学院的科研工作从来就是单打独斗，各自为战，甚至全校都是这样。因而，力量单薄，研究不能深入，拿不出拳头产品。成立了团队以后，整合了研究力量，明确了研究方向，做到了劲往一处使，力往一处投，研究深入了，成果也多了。原来的现状基本得到了改变。更重要的是团队的合作研究精神加强了，同时培养和带出了一批科研新人。

（二）明确了研究方向，拓展了研究范围

开展高师院校可持续发展论的研究，主要探讨高师院校在市场经济条件下如何可持续发展。在研究中以此为主线，拓展到研究整个高校直至对高等教育的有关问题的研究，明确支撑教育科学学院高等教育研究方向的申办硕士点工作。这是一个综合性很强的课题，如果单打独斗是不可想象的。团队立项研究可以达到预期目标。它不仅可以引导大家朝着一个方向努力，而且还有计划、有步骤、有目的地拓展了研究范围。

（三）整体提高了团队成员的研究能力，基本形成了高等教育的研究方向

通过几年的研究，作者完成与课题有关的论文15篇和获得"高校风险管理"省级课题1项，这是作者参加团队研究取得的主要成果。因为，团队要求只能在核心期刊上发表文章，逼着团队成员向发表高质量的文章方向努力和向争取省级以上课题进军。通过研究，充分说明了团队成员研究能力有较大的提升，同时基本形成了高等教育的研究方向，为教育科学学院高等教育研究方向申办硕士点工作打下了良好的基础。

总之，今后要继续整合研究力量，以团队形式申报课题，坚持高等教育的研究方向，稳步巩固高等教育的研究成果，在此基础上加宽研究，加深研究，拿出像样的新成果是教育科学学院开展科研工作的有效途径和奋斗的目标。

是为序。

柳清秀

2009年酷暑于武汉卧龙小区

第一章

高师院校可持续发展管理机制[①]

如果把高师院校可持续发展比作是一个乐队演出，那么，大家的第一个反应是谁指挥呢？当然是管理机制！它类似乐队指挥的活动。"乐队指挥活动并非具体的演奏活动，但却在乐队演奏过程中起着中心枢纽作用，支配着乐队的总体演奏。"[②] 高师院校的管理机制是促进高师院校可持续发展的保证，它始终贯穿于可持续发展的进程之中，并对其最终目标的实现起枢纽、支配作用。因此，要使高师院校可持续发展就必须建立一种能够促进高师院校可持续发展的管理机制。探讨高师院校可持续发展管理机制应改革高师院校内部的管理体制，以适应可持续发展战略的实施；重视高师院校招生与就业问题，维护高师院校可持续发展；深化高师院校后勤社会化改革，解除制约高师院校发展的"瓶颈"障碍；走教育国际化道路，促进高师院校与国际交流与合作，提升高师院校的声誉和竞争

---

① 柳清秀、成娟：《高师院校可持续发展管理机制探讨》，《湖北师范学院学报》2005年第2期。

② 葛锁网：《高等教育管理学》，南京大学出版社1997年版，第5页。

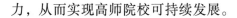

力，从而实现高师院校可持续发展。

第一节　高师院校内部管理机制改革

高师院校内部管理机制，一般是指行政管理机制和学术管理机制。高师院校行政管理机制是指管理主体依靠上级赋予的职权，运用有效的管理方法对学校工作进行计划、组织、协调和控制的过程；高师院校学术管理机制是指管理者根据教学和学术发展的规律及知识的权威性对大学内部学术性工作开展的管理活动。目前，我国多数高师院校采用的是校、系两级权力结构。这种结构在学生人数较少，规模不大的背景下可以适应高校管理的需要。但是，现在的高师院校规模一般在万人或数万人以上，如果继续采用这种权力结构，那么就不能适应新形势下高师院校的发展，因而，要对其进行改革。

一　两级管理体制应向三级管理体制变革

众所周知，高师院校的培养目标已不单是师资队伍的建设，而是向多极化方向发展，高师院校办学道路的拓宽和学校职能的发展，带来了高师院校规模扩大化和管理结构的复杂化。就目前我国高师院校而言，以学科的划分所形成的学系是学校中教学、科研组织的"基本单位"。这种两级权力结构的权力主要在学校，它与学校和学系规模相适应。随着社会的发展，高师院校学科门类会更加丰富、学系数量和规模也会越来越大。如果权力仅仅集中在学校层面，学系只是被动执行，那么，难免会出现"船大难掉头"而使学系不适应在市场经济条件下对人才的培养要求。因此，在"学校"

与"学系"之间加一级"学院"是非常必要的。事实上，实行学院制是学科发展综合化和人才宽博教育的需要，也是现代组织理论对高师院校管理模式提出的新要求。

"在现在高校中，作为高等学校内亚层次组织的学院，从功能上说，主要有两种类型：一种是作为一定学科领域教学组织的学院，如通常大学中的文学院、理学院、法学院等，这可以说是一种学科型学院；还有一种是主要作为某种校园共同生活组织的学院，它们通常负责接受学校学生入学，安排学生的膳食住宿、课外娱乐生活等，旨在通过提供适当的条件而能让师生密切接触交往和经常聚会讨论，营造有利于学生的道德养成和学识拓展的群体氛围。"①高师院校从学校和学系两级权力结构向学校、学院和学系三级权力结构变革，其中，所提学院的性质属于前一种类型，它是一个学科群构成的高师院校内部的亚层次权力结构。它的形成将学校的战略方针经过周密的论证与研究，分解为具体的行动项目，分配到各个学系去实施。实施中出现的问题，学系反馈到学院，可以得到及时的解决，缩短问题处理的时滞，从而改变了二级权力结构中学校一竿子插到底的粗放型决定所造成学系不适应市场经济条件下发展的局面。从这个角度上讲，学院这一层管理机制较为灵活，适应性强，反应快，在协调学系和学校关系中发挥重要的纽带作用。

高师院校实行三级权力机制后，学院级的正常运行非常关键，我们将在下面独节进行论述。

二 行政干预应向强调学术权威的作用变革

在高师院校中，行政职位具有权力威望，往往通过行政手段制

---

① 葛锁网：《高等教育管理学》，南京大学出版社 1997 年版，第 141 页。

定制度或直接干预学术活动，实现行政目的。高师院校要实现可持续发展，一定要淡化行政干预，强调学术权威的作用。重视教授治校，重大问题务必认真听取教授们的意见，在民主基础上决策。让学术权威与行政权威并存，在各自活动的范围内活动。当学校进行行政活动时，则以行政权威占优势，以便推动工作；当学校讨论如何抓教育教学质量以求生存时，则以学术权威为主，更能发挥积极的作用；在共商学校发展大计、谋求市场竞争策略时，双重权力最好是融合在一起，形成推动高师院校可持续发展的动力。这种时分时合的"双重"权力同在并存机制，有利于行政权力在学术权力的监督下正确行使，也有利于加强学术组织力量，强化民主机制的建设。但可能因平衡不当，造成"双重"权力失衡，使行政权力与学术权力产生矛盾与冲突，削弱对必要制度和纪律的建设，影响高师院校可持续发展，这是我们要十分注意的。强调学术权威的作用，不能只是停留在口头上，而应让学术权威在课程内容设置、人才培养目标及学术研究诸方面发挥积极的作用。

在课程内容设置上，应改变传统的师范教育只"师范"的观点，而应建立以学科理论知识为主，加上体现师范专业特点的教育类课程体系。在专业课程设置时，"一定要以未来的可持续发展作为决策的前提"（潘懋元），减少或杜绝那种"见钱眼开"、急功近利的赶潮流现象，"既要立足当前，更要着眼长远；既要考虑社会的需要，又要考虑自身的条件能力和基础"①。不可盲目增设专业和课程，要充分听取学术委员会和其他专家的意见，让学术组织发挥作用。

在人才培养目标上，应改变传统的"适应"观点而转为树立与

---

① 韩延明：《大学教育现代化》，上东教育出版社1999年版，第164页。

时俱进的"创新"理念。在创新理念的指导下培养人才。江泽民说："创新是一个民族发展的不竭动力。"创新是高师院校可持续发展的基石。它是一个普遍概念，使用范围较广，应全面理解，而不能片面认识。据报道某高师院校为了寻求出路，将该校的适应性即适应中学教育的需要作了片面的理解，甚至还提出中学教什么，高师院校学生就学什么的口号，结果导致了培养规格实质上的降低，严重影响了学生的创新意识和创造欲望，同时也影响了教师科研创新的积极性，很难形成良好的学术氛围。因而，唯有正确理解创新，才能推进高师院校可持续发展。

在学术研究上，学校行政组织应提出高标准，严要求，由学术领袖牵头组织课题组，加强纵向联系、横向合作研究，争取早出成果。行政组织应给学术组织提供足以使其研究顺利进行的研究环境和资金保证，从而激发研究人员的积极性。

第二节　高师院校实行招生与就业挂钩

在富有挑战的市场经济环境中，高校招生不仅仅是高校选择学生的问题，事实上，学生也在对高校进选择，"学校择生"与"学生择校"是同步进行的，学校生源自身素质的高低密切关系到他们离校时就业的难易，而学校的就业率又逐步成为评价一所大学质量的重要标准之一，即高校的就业率也制约着高校的招生。在教育体系内，招生与就业并不是独立存在的，而是相互制约、协调统一发展的，因此，高师院校寻求可持续发展，重点应该将招生与就业问题挂钩。

一 高师院校应避免盲目扩招

高师院校招生与就业挂钩，应该避免盲目扩招，这是由我国国情决定的。虽然我国高等教育已由"精英型"教育向"大众化"教育转化，高校招生人数逐年增多，而我们必须面对的另一个事实：国家招生计划的贯彻与实施，使得未来中国学生人数是成比例减少的。所以要保证高师院校可持续发展，将招生投向市场，扩招还得量力而行。有些学校不顾一些专业已饱和或就业率偏低的现实，盲目追求速度和规模扩张。政府应对这些学校采取措施，对那些社会需求不大，毕业生就业率过低的专业，果断实行控制招生，甚至采取停招措施，并以此推动高师院校学科专业的改革和调整。例如，湖南省从 2003 年起，就实行毕业生就业状况与学校领导政绩考核、办学规模、招生计划、经费投入、学科专业设置、高水平评估挂钩，凡是同一专业毕业生就业连续三年低于 50% 的学校，要停止该专业的招生。① 这一措施也普遍适用于高师院校。因而，高师院校可持续发展，必须在管理方面进行改革。

二 高师院校的核心是培养可持续发展的专门人才

由于地区教育发展及经济等方面的影响，高校所招学生，来自五湖四海，社会各个层次都有，学校的目的是将这些学生都培养成社会需要的人。"从可持续发展角度来看，在市场经济体制下和微露端倪的知识经济时代，教育所培养的专门人才应是'知识、能力、素质'三个方面相辅相成、协调发展，并使他们'学会学习、

---

① 《鲁中晨报》2003 年 5 月 21 日，第 2 版。

学会做事、学会做人'。"① 因此，高师院校教育除重视师范性外，还应关注和重视科学教育和人文教育的结合，以便在更高层次上培养可持续发展的专门人才，使学生容易在就业市场上占有有利条件，受到用人单位青睐。此外，学校还可建立各种机构和组织，如毕业生就业指导中心、毕业生就业辅导机构等，通过这些组织发布就业信息，研究召开各种形式的见面会、招聘会，为毕业生提供就业信息服务，指导毕业生就业，而成为高师院校毕业生就业的坚强后盾，增强高师院校毕业生勇闯市场的信心和决心，以促进高师院校形成招生、就业两旺的局面，从而维护高师院校可持续发展。

第三节　高师院校国际交流与合作

高师院校走向开放，走向国际交流与合作，已是势在必行。北京师范大学校长钟秉林在谈到该问题时指出："就高师院校来说，其自身的改革含双重的任务：第一，进一步提高教师的教育质量，适应教师专业化的更高要求，并应对综合大学的竞争；第二，面对世界高等教育日趋综合化和国际化的大趋势，提高自己的综合办学实力，以求可持续发展。任务双重，生者为本。"因此，高师院校在立足本国的同时，要面向世界，积极走向国际交流与合作，从而促进高师院校的可持续发展。

一　高师院校国际交流与合作是当代社会发展的强烈要求

邓小平同志提出："教育要面向现代化、面向世界、面向未来。"

---

① 韩延明：《大学教育现代化》，山东教育出版社 1999 年版，第 164 页。

面向现代化，是指科技的进步发达，要培养与之相适应的人才；面向世界，是指观念的开放，要培养具有世界意识的公民；面向未来，是指着眼长远，适应可持续发展。伴随着全球经济一体化和信息社会化的到来以及国际间的交流与合作的不断扩大，知识的传输已超越了国界的限制，"向高精尖广的方向迅速发展的现代化大学教育将愈益国际化"①。社会已经发展到了由世界各国合作共建的时代，而教育国际化的推行是实现大学教育现代化的一种有效手段。高师院校作为教育培养人才的摇篮，更需应对当代社会发展的强烈要求，走教育国际交流与合作的道路。

二　高师院校国际交流与合作是其自身发展的需要

许多国家的大学教育无一例外地以面向世界为前提，使该国的大学教育向国际社会开放，并以其广泛的科技、文化和教育的交流与合作来进一步促进本国大学教育未来适应能力的提高，"未来的教育必定是国际化的教育和教育的国际化"②。高师院校应把握住这一发展趋势，提高自身的适应能力。

在人类社会发展步入全球化的今天，高师院校实施真诚、广泛、互惠互利的国际交流与合作，是其自身发展和提高的实际需要。因此，高师院校应通过教师任教、学生培养、科学研究和信息共享的交流与合作方式来改变教育观念，改进学科设置、优化师资队伍建设，提高学术研究能力，不断获取新的世界性信息，提升高师院校的整体办学水平，并赢得良好的国际声誉，实现高师院校可持续发展。

---

① 韩延明：《大学教育现代化》，山东教育出版社 1999 年版，第 329 页。
② 同上。

第四节　高师院校后勤社会化改革

随着社会主义市场经济体制的建立和完善，高等教育管理体制改革的不断深入，高校后勤越来越不适应社会迅猛发展对教育的要求，成为制约高等教育发展的"瓶颈"。"当前高校后勤改革是我国高等教育领域的一项重要改革，是关系到 21 世纪高等教育可持续发展的关键问题。"[①] 高师院校是高等教育重要的组成部分，负责培养教师的任务。在市场经济条件下，由于自身直接创造经济效益受到师范性的限制，不能与理、工、农、林、经济、海洋、法学、金融、财经等院校相提并论，而且，高师院校后勤部门仍然吃财政饭，由财政经费供给，没有与学校脱钩，成为高师院校的"瓶颈"障碍，因而，对高师院校后勤进行改革，使其社会化尤为重要。

一　高师院校后勤人员成建制与学校剥离

进行高校后勤社会化改革，是指打破传统的"一校一户办后勤，校校后勤办社会"的格局，将后勤实体从相对稳定的高校事业单位中剥离出来，成为在市场经济激烈竞争条件下求生存、求发展的企业，职工由事业编制改为企业编制，变"铁饭碗"为竞争上岗，变"大锅饭"为真正的按劳分配。关于高校后勤社会化改革的实质，李岚清同志曾指出："是要改变政府办教育的模式，叫本该由社会办的事交给社会，使学校集中精力搞好教学和科研，同时，

---

① 薛沛建等:《高校后勤社会化全球视野》，华南师范大学出版社、北京师范大学出版社联合出版 2000 年版，第 346 页。

为学校的发展腾出时间"。对于高师院校而言，后勤社会化改革经过几年的探索与资金积累，具备了较多的有利条件。如既有推进后勤社会化改革的政策规定，又有人们接受后勤社会化改革的新认知；既有稳定的服务对象，又有良好的校内服务环境，还有促进后勤社会化改革的校内机制和后勤自身积累了一定的资金等。在这种条件下，后勤人员成建制与学校剥离，可以理顺校企分开关系，可以节约学校的财政开支，增加高师院校的支付能力。同时，后勤人员可以依托学校进行独立自主地经营，通过优质服务，获得丰厚的利润，满足其自身发展的需要。因此，高师院校后勤深化改革后应是一个立足校内服务、面向社会发展的准企业，自行进行人事管理、确定分配机制和运行方式，从而减轻高师院校的财政负担，在此同时，还应积极向政府部门争取减免税收等政策的支持，发展经营，增加利润，积累资金，进入市场竞争，成为真正的经济实体。这对推进高师院校可持续发展具有重要意义。

二 高师院校后勤管理机制的社会化

高师院校要后勤社会化，就必须在管理机制上进行社会化。后勤管理机制没有社会化或社会化程度不高，高师院校后勤就不可能社会化。因为，管理机制决定运行方式。没有社会化管理机制的指导，就不可能产生社会化的运行方式。所以，高师院校后勤社会化，后勤管理机制就必须社会化。

（一）高师院校后勤社会化的内容

目前，高师院校后勤管理的范围比较宽。它涉及的内容有校办产业、饮食服务、商业服务、电信网点服务、招待住宿服务、印刷、文秘服务、医院、幼儿园、水电管理、学校维修、物业管理、校园绿化等。而且，随着学校规模的扩大，这些业务也随之发展。

可以说，样样业务，通过服务都能得到有偿回报。而且，其市场是比较稳定的，收入将在一定量上是确保的。因而，都可以进行社会化经营。

（二）高师院校后勤管理机制的社会化

高师院校后勤管理社会化，不能只是换汤不换药。用旧做法改个新名词，旧职务换个新名称。它在管理机制上必须进行改革，才能实现社会化。

1. 服务过程社会化

服务过程社会化是指后勤在经营过程中采用市场的竞争方法进行服务，而不是运用计划经济条件下的模式运行。实践中的粮油采购、肉类、鱼类、蔬菜品种的准入，不是某个领导人说了算，而是通过招标的方法来竞价确定；物品进入后的管理必须分类按成本价结算；售出保证质量和价格合理；对师生的服务必须引进市场竞争机制，视师生为上帝顾客，以一流服务满足师生的需求。从而获取效益，推进高师院校后勤社会化改革的顺利进行。

2. 产权关系社会化

产权关系社会化是指后勤所占用的资产应该有计划地向学校支付占用费或分期出资购买成为实体资产的过程。高师院校后勤要拥有自己的产权，必须向学校支付费用，才能逐步形成。这是后勤改革中后勤与学校双方产权关系难以明晰的难点。实践中，高师院校后勤无偿占用学校资产的还不少。出现经营方面已经社会化了，但资产还是无偿化占用的现象。这种现象应该尽快解决，不应长期存在下去。

3. 劳动用工和职工保障制度社会化

高师院校后勤社会化，首先是它的用工制度必须社会化。即所用员工采取竞争的办法，能者上、庸者下。同时，职工来源除了计划经济时代留下的部分人员外，其余员工应从社会上根据用工制度进行公开招聘，录取合格的员工。

凡是经高师院校后勤领导机构审查确定为后勤职工的，就要根据政策为他们办理医疗、失业、养老等保险，解除职工的后顾之忧。这是现代企业用人必须支付的法定成本。

4. 干部来源规范化

高师院校后勤社会化，后勤干部来源必须规范化。这是一个大胆的构想，也是推进后勤改革能否成功的关键因素。因为，从事经营活动，只有通过竞争上岗的干部，才敢于到市场中去博弈。实践中，应鼓励本校熟悉高校后勤工作的同志参加竞聘。一旦竞聘成功，就应与学校解除用工关系，与后勤部门建立新的用工关系。同时，还可以面向社会公开招聘。凡是通过公开招聘进来的同志就直接与后勤部门建立新的用工关系。另一种干部来源形式是"老人老办法，新人新办法"，即原来计划经济条件下的职工仍按原来的办法执行，那么，竞聘上岗的干部也按老办法执行。一句话，其仍然与学校保持人事关系。凡是通过招聘进来的，就按新办法执行，直接与后勤建立用工关系。最理想的形式是一步到位，它是高师院校后勤社会化中推行干部来源社会化的终极目标。"老人老办法，新人新办法"的做法比较求稳，但给工作在后勤战线上的同志的一种暗示：搞得成功就做，搞不成功就走人（回到原来单位）。这种机制将影响高师院校后勤社会化的进程，使用时应慎之又慎！

三 高师院校后勤社会化的"三步走"

高师院校后勤社会化，一般应避免突进式社会化方式，即改革一步到位，一下子将高师院校后勤推向社会，让其脱离高师院校的母体自谋生存之道。这样做，势必导致高师院校后勤的不适应，反而影响高师院校后勤社会化改革的进程。所以，高师院校后勤社会化的实现步骤，应该是稳步推进"三步走"。所谓稳步推进"三步走"，就是分为起步、准社会化和社会化三个阶段实现。

第一个阶段，叫做起步阶段，俗称"扶上马阶段"。

在这个阶段主要是根据国家高校后勤社会化的改革精神，全面宣传、贯彻和推行高师院校后勤社会化改革，营造改革的正确舆论和良好氛围。成立改革领导小组、制订改革方案、明确改革目标、实现改革目标的政策支持、推行行动方案，完成体制上的初步转换。

在起步阶段，高师院校后勤社会化处于摸索转轨、积累经营经验、处理人事矛盾阶段，其特点是具有过渡性、社会化程度较低，但发展方向是向社会化进程迈进。这个阶段需要1—2年时间完成。

第二个阶段，叫做准社会化阶段，俗称"送一程阶段"。

所谓准社会化阶段是指高师院校后勤在改革的进程中，一方面仍然依托学校资源；另一方面又借鉴市场方法进行经营的逐步体现社会化特征的阶段。这个阶段独立经营的体制已经建立并逐步完善；与学校的甲乙方关系已经建立并逐步明确；产权关系基本确定但还是无偿使用；新的人事管理制度和分配制度基本建立并得到有效施行；经营业务不断扩大，有偿服务意识深入人心；资金积累放到重中之重的位置；后勤领导集团自主权日益显现出来；职工从持反对态度到逐步接受这种体制……

在准社会化阶段，高师院校后勤已经不再是计划时代的后勤，也不是人们所说的真正的社会化，而是仍然依托学校又借鉴市场运行方式以谋求生存的新的混合体。由于新机制的施行，高师院校后勤改革，虽说还不是完全的社会化，但具有一定的社会化表征，它的发展势头是向社会化前行。这个阶段需要2—3年才能完成。

第三个阶段，叫做完全社会化阶段，俗称"剥离阶段"。

高师院校后勤经过3—5年的试运行后，应该说独立运营的能力得到了长足的发展。无论是管理体制，还是经营理念与方法；无论是技术和人才，还是资金积累等都具备了独立经营的能力。此时应该考虑后勤人员成建制地与学校脱离财政、人事和管理关系，进入市场，实现高师院校后勤改革社会化的目标。

在高师院校后勤改革完全社会化阶段，学校资源仍然是后勤的依托。后勤一切收入必须与成本相匹配，所占学校资源必须根据规定支付占用费，同时它必须开拓校外市场，与竞争对手竞争，进行更宽和更多的营业服务，把业务做好、做强、做大，高师院校后勤社会化才能真正实现！

第五节　高师院校三级权力结构中的院级运行机制

高师院校三级权力机构是指学校、学院和学系三级组织形式。在高师院校办学规模不断扩大的前景下，多数高师院校已基本完成对原来学校和学系两级权力结构的改造，建立了学校、学院和学系三级权力机构。这种权力结构形式，首先是学校将权力下移到学院，在原来老体制下的学系与学校关系中增加了一个层次，增强学院一级在高师院校可持续发展中的责任。但这个层次在实际工作中实行什么样的运行机制，是一个非常重要的问题。它既涉及我国高校的领导体制问题，又关系到高师院校可持续发展的问题。因而，值得我们认真地探讨。

25

一 我国高师院校现行的领导体制

目前，我国高等院校实行的是党委领导下的校长负责制。高师院校是高校的重要组成部分，所以，高师院校现行的领导体制也是实行党委领导下的校长负责制。

为什么高师院校要实行党委领导下的校长负责制？

1990 年中共中央下发的《关于加强高等学校党的建设的通知》指出：高等学校实行党委领导下的校长负责制。1996 年中共中央颁发的《中国共产党普通高等学校基层组织工作条例》中重申：高等学校实行党委领导下的校长负责制。因为，高等学校实行党委领导下的校长负责制，是我国高等学校的性质和任务决定的。我国高校是社会主义性质的大学，它担负着为社会主义现代化建设事业培养建设者和接班人的重任。新中国成立以来，我国高校的领导体制几经变更。实践证明，实行党委领导下的校长负责制符合我国的国情，有利于加强党对高校担负的培养德、智、体等全面发展的社会主义事业的建设者和接班人的方向性领导。

需要说明的是，高师院校实行党委领导下的校长负责制，并不是说党委可以包揽一切行政事务，事无巨细都要拿到党委会上进行讨论。党委应以主要精力研究学校的重大方针政策问题，加强党的建设和思想政治工作，支持行政领导充分行使职权，力戒包揽行政事务。

这一现行领导体制在高师院校得到了认真的贯彻执行，可以说已经深入人心。

二 高师院校三级权力结构中学院党总支的主要职责

1996 年中共中央颁发的《中国共产党普通高等学校基层组织工

作条例》只对学系党的总支部(直属党支部)委员会的主要职责进行了规定，但未对学院党的总支部(直属党支部)的职责给予规定。我们认为应将学系党的总支部(直属党支部)委员会的主要职责直接用于学院这一级比较恰当。因为，原来的学系党的总支部(直属党支部)一般都升格为学院党的总支部(直属党支部)，分管几个学系党的支部。这样，学院党总支部的主要职责就可以套用学系党的总支部(直属党支部)委员会的职责。《中国共产党普通高等学校基层组织工作条例》对学系党的总支部(直属党支部)委员会的主要职责进行了规定，一共有六条。

（1）保证监督党和国家的方针政策及学校各项决定在本系的贯彻执行。

（2）参与讨论和决定本系教学、科研、行政管理工作的主要事项。支持系主任在其职责范围内独立负责地开展工作。

（3）加强党组织的思想、组织、作风建设，具体指导党支部的工作。

（4）领导本系的思想政治工作。

（5）做好本系干部的教育和管理工作。

（6）领导本系工会、共青团、学生会等群众组织。

这六条规定，重点说明四个问题：一是强调了学系党总支部(直属党支部)的保证监督作用。二是明确指出学系党总支部(直属党支部)参与讨论和决定本系的教学、科研和行政管理主要事项。三是明确指出学系党总支部(直属党支部)支持系主任在其职权范围内独立负责地开展工作。四是领导学系思想政治、工会、共青团和学生会等群众组织及教育和管理干部。

这些基本的观点，作为高师院校学院级的领导干部都必须认真学习和掌握，并树立一种观念。任何时候都不能忘记党的保证监督、参与和领导的作用。

三　高师院校三级权力结构中的学院级运行机制

在高师院校的学院级运行机制，首要问题是解决领导机制问题，也就是说要处理好党政关系问题。实践中有两种观点：一是比照学校一级的做法，实行党总支领导下的院长负责制，但没有明确的理论依据，因而，难以实行。二是主张学校实行党委领导下的校长负责制，学院实行院长负责制。但在理论上一样没有依据，也难以实行。如果实行院长负责制，那么，党总支处于什么样的地位？毕竟学院与学系不同，学系是一个具体的业务部门，它可以按原来的领导体制运行，仍然实行系主任负责制，可学院却不一样，有单独的建制，机构齐全，还要管理几个学系，它必须处理好与党的关系。实践中，由于党政关系处理不当，难免有些不协调，甚至矛盾很深。这个问题如果不去探究解决，它将严重影响高师院校的可持续发展。所以，我们依据上面对六条规定的理解，提出一种新的运行机制，供广大高师院校的院级机构和领导借鉴。

（一）坚持党的领导，实现培养社会主义事业的建设者和接班人

这一条是所有高师院校院级机构和领导所必须坚持的，也是不可动摇的。只有坚持党的领导，才能保证党的教育方针的顺利实施和实现培养什么样的人才。不可以认为学院是一个单纯的业务机构，不需要党的领导，任由学院行政领导做主。持这种思想观念的领导干部是错误的，也是与上面六条精神相违背的。因此，学院级机构在运行中必须明确坚持党的领导，才能实现培养社会主义事业的建设者和接班人目标。

（二）行政一把手牵头，重大问题党政共同参与讨论和决策

学院级机构在运行中，党政领导在执行党和国家政策、方针以

及学校决定的原则问题上应统一认识，贯彻落实不动摇。同时必须有一个牵头人，才能实现。这个牵头人必须明确是行政一把手。同时，对重大问题党政共同参与讨论和决策。行政领导不能一切由行政做主，根本不把党的组织或党总支书记放在眼里，甚至架空党组织和总支书记。而对重大问题应该是党政共同参与讨论和决策。

那么，对学院级机构来说，哪些是重大问题，需要给出一定范围。一般说，学院的发展战略、机构设置、干部任命、学科专业建设、人才引进规划、提拔晋升、模范标兵的选拔、先进评比、分配政策、奖勤罚懒、抑恶扬善、迎新与欢送毕业生、学位授予、重大政治信息的公布、出国深造与访问、对外宣传等问题，党政应共同参与讨论和决策。

这里要特别说明的是党政共同参与讨论和决策是针对重大问题而言的，不是事无巨细都要经过党政共同参与和讨论决策后再行动，如果那样做，不仅影响正常工作，而且是对上面六条精神的曲解。

（三）明确分工，职权责清晰

《中国共产党普通高等学校基层组织工作条例》对学系党的总支部（直属党支部）委员会的主要职责进行了六个方面的规定，我们将它用到学院级党总支部（直属党支部）中来，并作了四个方面的理解，应该说是对党政进行了原则性分工，各管一路人马，理论上是行得通的。可是，在实践中却有些矛盾。有些单位的党政领导关系总是处理不好，形成矛盾。例如，财务上实行一支笔签字制，往往签字是行政一把手。行政一把手只管签字，不考虑分管领导的感受，党领导的那条线的经费他也签，连个招呼也不打。我们认为坚持一支笔是对的，但行政一把手在签报时要搞好分工协调，凡是签报的部分党政系统都应经过分管领导的签字后再到行政一把手那里最后签字报销，问题不都解决了吗？这样做，让分管领导有知情权、审查权、监督权，知道学院资金的走向，增强责任感，堵塞漏洞，替行政一把手把关何乐而不为呢？坚持这样的签字报销机制，体现了明确分工，有职、有权、又有责任的原则。其实，实践中许多问题都可以采取经过与分管领导协商之后再由行政一把手最后定夺，这样一切问题都好解决。关键问题就出在行政一把手遇事不通过党的领导或分管领导就一个人做了决定，没有回旋的余地。长此以往，怎么能没有矛盾呢？

（四）树立民主的领导作风，分类主持会议

在高师院校实行学院制之后，由于学校权力中心下移，学院的权力也逐步扩大，对内、对外的联系也日益增强，不同类型的会议也逐渐地多起来。对内开会一般都是行政一把手主持，党的领导人只有听的分儿。每每是行政一把手讲完日常的工作后，顺便请党的书记说几句，或者对外联络的重要会议根本不通知书记参加。因此，学院级党的书记很少主持过会议。我们认为，行政一把手牵头，也应树立民主作风，不能一人独揽大权，要学会分工、合作、分类主持会议。根据我们上面对六条规定的了解，该书记主持的会议就由书记主持，行政一把手不要越俎代庖，一竿子到底；该副手主持的会议就由副手主持，锻炼他们主持会议的能力，承担职务带来的责任，而且，还能缓解、消除因工作缺乏民主而引起的许多矛盾。

（五）坚持互通信息，建立长效联系制度

高师院校实行学院制后的正常运行是推进高师院校可持续发展的关键，党政领导在运行中应该坚持互通信息，掌握各项工作的进展，重要事件的发展趋势和预想结果；了解学生、教职工的思想动态，采取不同的方式疏导或引领；学会事前有通气，事后有回音。

长期坚持，形成一种领导习惯，成为一种长效联系制度。为党政共同参与讨论和决策打下前期工作基础，缩短共同参与讨论和决策的时间，节约共同参与讨论和决策成本，提高管理效率。

（六）定期召开民主生活会，研究解决发展中出现的新问题

高师院校的学院制是在发展中实行的一种机制，它在发展中运行，实践中难免出现与计划不一致的地方，造成问题。对于问题，学院党政领导不能知情不报，或者等问题成堆后再来考虑解决。而是要定期召开民主生活会进行梳理，对已经出现或正要出现或预测将要出现的问题进行归类辨析、提炼，找出发展中问题产生的原因，提出解决问题的对策和防范措施。

综上所述，建立高师院校可持续发展管理机制应进行高师院校的内部管理体制改革，重视招生与就业挂钩，走教育国际化道路和深化后勤改革，探究学院层级的运行机制，正确处理党政关系，是推进高师院校可持续发展的关键。

第二章

高师院校人力资源可持续发展策略[①]

对于市场经济条件下的高等师范院校来说，持久的发展优势就是人力资源的可持续发展，就要在坚持时效性与持续性相统一、市场化与校本化相统一、过程与目标相统一、动态权变与系统整合相统一、外部引进与内部开发相统一原则的基础上，遵循高师院校人力资源可持续发展的开发与管理的内外部规律，以市场为导向，建立高师院校人力资源可持续发展的开发与管理新机制，从而实现高师院校人力资源可持续发展。

第一节　高师院校人力资源可持续
发展的含义

教育作为一个社会子系统，其发展必然受到经济、政治、文

[①]　柳清秀、崔波：《市场经济条件下高师院校人力资源可持续发展思路探讨》，《继续教育研究》2006 年第 1 期。

化、人口等因素的影响。随着我国社会主义市场经济体制的建立，教育的发展不可能独立于外。特别是高师院校只有适应这种经济体制的变革，才能获得持续发展的空间。对于市场经济条件下的高等师范院校来说，持久的发展优势就是人力资源的可持续发展。因此，本节试就一般人力资源的含义、高师院校人力资源可持续发展的含义、原则及思路等问题做一些探讨。

一　一般人力资源的含义

何谓人力资源？目前尚无统一界定。一般来说，有广义和狭义两种表述。广义的人力资源是指现在和未来一切可能成为生产力要素的人口，包括现实的人力资源、潜在的人力资源和未来的人力资源。狭义的人力资源归纳起来有四种：（1）人力资源是推动整个社会和经济发展的具有智力和体力劳动能力的人口的总和；（2）人力资源是一个国家或地区乃至一个组织能够作为生产性要素投入社会经济活动所需要劳动人口的数量和质量；（3）人力资源是一切具有社会创造物质文化财富，为社会提供劳务和服务之能力的人；（4）人力资源是更好地开发人的潜能，创造财富，更好地提高员工的工作生活质量等。尽管以上界定有不同的侧重点，但可以归纳为三个基本方面：一是能推动社会经济发展的人口，包括劳动力和非劳动力；二是存在于一定的组织范围（一般以国家、地区、部门或单位来划分）；三是人力最基本的层面是个体，是具有生命力的个人。① 它需要适时使用，有计划地定期开发。

①　程振响、刘五驹：《学校管理新视野》，南京师范大学出版社 2003 年版，第 144 页。

二 高师院校人力资源的含义

基于以上对一般的人力资源含义的分析考察，我们就可以对高师院校人力资源的定义作如下界定：所谓高师院校人力资源，是指进入高师院校管理活动领域并与学校管理者发生功能联系，产生互动作用的具有智力劳动和体力劳动能力的人的总和。[①] 它包括数量和质量两个方面。数量是指处于高师院校管理活动之中的人们，它由劳动者的性别、年龄、专业等要素构成。质量是指高师院校劳动者的健康状况、受教育程度、学术、技术水平、劳动技能、文化素养、社会意识等方面的要素。[②] 高师院校人力资源是学校教育、教学、科研和管理与服务的主体，是学校知识的创造者、传播者和利用者。是高师院校内部的活资源，最具竞争力。同时也是高师院校开发与管理的核心，它的可持续发展尤为重要。

三 高师院校人力资源可持续发展与高师院校可持续发展的关系

可持续发展是一种新的社会发展观，它的基本含义是保证人类社会具有长远的持续发展的动力。可持续发展的主体是人类社会，它包含着经济、生态、科技、教育等方面的社会子系统的全方位的可持续发展。高师院校人力资源可持续发展可以从两个方面来进行探索：一是高师院校人力资源如何为高师院校的可持续发展服务，即高师院校人力资源可持续发展的外部规律；二是探索高师院校如何实现人力资源自身的可持续发展，这主要是指运用可持续发展的

[①] 程振响、刘五驹：《学校管理新视野》，南京师范大学出版社 2003 年版，第 144 页。

[②] 柳清秀：《论市场观念下的高校人力资源管理》，《湖北师范学院学报》(哲学社会科学版)2002 年第 4 期。

观点与原则，来探讨高师院校人力资源可持续发展的开发与管理过程中的问题，研究高师院校人力资源可持续发展的内部规律。高师院校人力资源可持续发展的内部规律受外部规律的制约，而外部规律要通过内部规律来实现。因此，高师院校人力资源可持续发展可以归纳为通过高师院校人力资源自身的可持续发展来实现高师院校的可持续发展。同时，高师院校人力资源可持续发展只有通过更好地为高师院校可持续发展服务，才能保证自身的可持续发展，并成为高师院校发展的持久动力。

为什么高师院校人力资源只有保证自身的可持续发展才能成为高师院校可持续发展的持久动力呢？原因有两个：其一，可持续发展思想的持续性与高师院校人力资源的动态性和再生性具有融合的可能性。可持续发展思想的一个关键词是"持续"，也就是说，可持续发展思想所关注的社会发展是持续不断的，而不是一时一刻的；是长远的，而不是短期的[①]；发展的持续性这是可持续发展原生的也是基本的含义，而高师院校人力资源本身所具有的动态性与再生性使之具有了持续发展的可能性。其二，可持续发展思想的一个主要核心，就是体现以人为本的思想。不论是关注当代人的需求，还是泽及后代人的生存与发展，"人"贯穿于其全部思想体系之中[②]。高师院校人力资源主体的个体在这种思想的朝晖下，人格得到了充分的尊重，价值得到了体现，满足了他们的基本需求，从而使他们全身力投入学校的教育、教学和管理与服务之中，并持续创造性地参与活动，而成为高师院校可持续发展的持久动力。但要遵循市场经济条件下高师院校人力资源可持续发展的原则。

---

① 卢晓中：《当代高等教育理念及对中国的影响》，上海教育出版社 2001 年版，第234—235 页。

② 同上。

第二节　市场经济条件下高师院校人力资源可持续发展的原则

市场经济条件下的高师院校人力资源可持续发展，必须遵循时效性与持续性相统一、市场化与校本化相统一、过程与目标相统一、动态权变与系统整合相统一和外部引进与内部开发相统一的五个原则。

一　时效性与持续性相统一的原则

坚持时效性与持续性相统一的原则，出于两个方面的考虑：一方面是可持续发展不仅要保持当前的发展，而且要顾及未来的发展，为未来的发展积累优势与发展潜力。另一方面由于高师院校人力资源的作用是迟效的，它对发展的作用不如物力资源来得那么快捷明显，因此，要大力培训高师院校人力资源的技能和提高智力资本积累水平，使其能连续得到运用。同时，也要考虑近期的发展，追求时效性，满足当前发展的需要。因此，高师院校人力资源可持续发展要将时效性与持续性结合起来。

二　市场化与校本化相统一的原则

党的十四大确定了我国经济体制改革的目标是建立社会主义市场经济体制。市场经济的本质是由市场来配置资源，即在政府的宏观调控下，根据市场需求信息，由市场主体对资源进行自由配置。市场经济条件下高师院校人力资源可持续发展也必须遵循市场经济规律，通过市场和竞争来配置资源。从而打破地域界限，广泛吸引人才，活跃高师院校的学术氛围，促进高师院校可持续发展。同时，高师院校人力资源可持续发展必须坚持自身的发展规律，必须结合高师院校自身的实际与特点。在进行高师院校人力资源可持续发展的开发与管理时要注重校本化，即具有中国特色，与学校管理实际相一致，符合学校现状，以此实现市场化与校本化的统一。从而避免一切外来化，产生"外来香效应"，也要防止一切本地化，形成故步自封的状态。

三　过程与目标相统一的原则

高师院校人力资源可持续发展是一个过程。作为过程来说就是高师院校应遵循人力资源开发自身的规律，实现高师院校人力资源的持续性开发，保证高师院校人力资源的长久性与持续不断地发挥作用。同时，我们也可以将高师院校人力资源可持续发展作为目标来理解。它是高师院校活动的目标之一，通过实现高师院校人力资源可持续发展，从而促进高师院校的可持续发展，进而促进社会的可持续发展。这就构成了高师院校人力资源可持续发展的目标与过程的统一关系。即过程意义上的理念的践行旨在实现目标意义上的理念，而目标意义上的理念则引导过程意义上的理念的践行。所以，目标与过程是相互联系，相辅相成的统一体。

四　动态权变与系统整合相统一的原则

高师院校的内外部环境处在不断的变化之中，人与事的适应是相对的，而不适应是绝对的，从不适应到适应是一个动态的发展过程。在高师院校人力资源可持续发展的开发与管理中要支持动态适应的原则，从时间、空间和对象上做到动态权变管理，不拘一种模式或方法。在对高师院校人力资源可持续发展的开发与管理的各个环节中要运用系统的观点整合、协调，做到统筹兼顾，发展整体优势，而不能只顾一头，忽略另一方，形成高师院校人力资源可持续发展的开发与管理中的不平衡状态，而影响发挥整体优势。

五　外部引进与内部开发相统一的原则

高师院校人力资源可持续发展的开发与管理方式可以区分为以人才引进和人力资源共享为主要内容的"外延式"外部开发与管理方式和以组织现有人力资源的品质提升为主要内容的"内涵式"内部开发与管理方式两个基本方面。然而，高师院校在面对激烈的人才竞争中，普遍存在重外部引进，轻内部培养甚至忽视内部人才开发问题的倾向。认为高师院校人力资源竞争成败主要在于外部引进人才的数量，把人才竞争等同于人才争夺，注重人才数量的绝对追求与集聚，忽视潜质的充分发挥、能力的进一步提升和对高师院校内部人才创造性与贡献率的有效利用。在高师院校人力资源可持续发展的开发与管理过程中，培养人的成本最高，引进人的成本次之，而合理利用人的成本最低。我们应正确地处理引进、培养、使用的关系，做到外部引进与内部开发相统一，实现高师院校人力资源可持续发展利用效率的最大化，确保高师院校人力资源可持续发展，这就需要有与市场经济条件下相适应的高师院校人力资源可持续发展的策略。

第三节　市场经济条件下高师院校人力
资源可持续发展策略

市场经济条件下实现高师院校人力资源可持续发展，是促进高师院校可持续发展的核心保障。一般应从以下五个方面来进行策略思考。

一　建立以市场观念为导向的高师院校人力资源可持续发展的开发与管理体系

建立以市场观念为导向的高师院校人力资源可持续发展的开发与管理体系，一方面必须破除旧的思想观念，树立与市场经济体制相适应的思想观念，引进市场竞争机制，讲究效益，树立法制观念，对高师院校人力资源实行契约管理，以此维护高师院校合法权益。另一方面破除高师院校人才部门所有制，变高师院校人才部门所有为社会所有，允许高师院校人力资源合理有序流动。再一方面就是打破地域与专业界限。按高师院校的岗位和工作需要，通过考试、竞争、聘用等方法，自主获取高质量的人力资源，构建"开发式动态优化型"管理模式，借助市场竞争机制，面向社会建立与社会主义市场经济体制相适应的高师院校用人机制，形成高师院校人力资源可持续发展的开发与管理体系。

二　构建高师院校人力资源可持续发展的四级开发与管理平台

高师院校人力资源管理是做人事的管理工作，最基本的职能就是服务职能，即通过计划、组织、协调、指挥、控制等活动参与学校的日常行政管理。高师院校人力资源管理部门只有做好这些具体工作，解决这类现实问题，才能实现对高师院校人力资源可持续发展的有效管理。因此，首先要搭建行政平台，发挥行政平台的权威性作用。其次要搭建系统建设平台，适应高师院校人力资源管理具有综合性的特点。在搭建行政平台的基础上建立系统和规范机制，发挥综合系统的作用。其体系包括招聘系统、全员绩效考评系统、人员使用与调配系统、薪酬福利系统等。再次要搭建组织管理平台，为高师院校人力资源可持续发展的开发与管理提供组织保证，以优化人员配置与组合达到优化学校管理的效果。最后要搭建文化建设平台，发挥文化凝聚功能的作用，从而以核心价值观引导高师院校对人力资源的管理，促进高师院校人力资源可持续发展。

三 建立健全政策导向机制和制度保障机制

政策是理论指导实践的中间环节，具有引导、调控和促进功能，在高师院校人力资源可持续发展的开发与管理机制中，如人力资源培训政策、人力资源引进和聘用政策、人力资源的工资和奖励政策、人力资源的职务、职称晋升政策等，对培养促进高师院校人力资源可持续发展具有重要作用。因此，开发与管理高师院校人力资源可持续发展的这些政策的贯彻落实需要制度的保障，我们必须破除陈旧观念，改革旧的制度，建立与高师院校人力资源可持续发展相适应的开发与管理相配套的制度，如人才选拔制度、知识产权制度、人才流动制度、薪酬制度、社会保障制度等，并采用有效措施保障落实，为高师院校人力资源可持续发展的开发与管理提供有力的制度保障。

四　建立高师院校人力资源可持续发展的开发与管理新机制

建立高师院校人力资源可持续发展的开发与管理新机制是指以增量提高机制、存量优化机制、管理约束机制、服务机制和管理使用机制为主的一种机制。

我们可以通过培养、吸引和保持三个方面来提高高师院校人力资源可持续发展的增量；通过竞争、激励和更新三个方面来优化高师院校人力资源可持续发展的存量；通过管理约束机制（绩效管理约束、纪律管理约束、道德管理约束）、服务机制（信息服务、科研服务、教学服务、生活服务）和使用机制（潜能使用、品牌使用、特长使用）等来提高高师院校人力资源的使用效率与贡献率，从而形成高师院校人力资源可持续发展的开发与管理新机制。

五　坚持高师院校人力资源可持续发展的开发终身化

实现高师院校人力资源可持续发展的开发终身化，必须创建学习型组织以提高学习能力，才能完成。

美国管理学家彼得·圣吉在《第五项修炼》中指出：一个组织的持久优势，是有能力比你的竞争对手学习得更快，而要做到这些，就要建立"学习型组织"。学习型组织为适应环境与生存而学习。在学习型组织中，人们得以不断扩展创造未来的能量，培养全新、前瞻而开阔的思考方式，全力实现共同愿望，并持续学习和共同学习，这种不断增强的持久的学习能力是组织人力资源持续发展的基础。因而，实现高师院校人力资源可持续发展必须建立学习型组织，不断共同学习，提高学习能力，适应新环境，实现高师院校人力资源可持续发展的开发终身化。

综上所述，市场经济条件下的高师院校人力资源可持续发展应建立以市场观念为导向的高师院校人力资源可持续发展的开发与管理体系、构建高师院校人力资源可持续发展的四级开发与管理平台，推进健全的政策导向机制和制度保障机制，建立以增量提高机制、存量优化机制、管理约束机制、服务机制和使用机制为主的高师院校人力资源可持续发展的开发与管理新机制，以及创建学习型组织，以提高学习能力与实现高师院校人力资源可持续发展的开发终身化，进而促进高师院校的可持续发展。

第三章

高师院校可持续发展分配机制[①]

　　高师院校内部传统的分配机制是一种平均分配机制，不管干多干少，大家所得均等。这种机制再也不能适应我国新时期高师院校发展的要求，需要我们探讨完善一种新的分配机制——按贡献分配机制进行分配，以激活高师院校人力资源的积极性，从而全力投入高等师范教育，实现高师院校可持续发展。

　　高师院校是高校的重要组成部分，是整个教育的基础。高师院校的师范性是与其他高校属性的根本区别点。1952 年 7 月国家教育颁发的《关于高等师范院校的规定》（草案）中规定高等师范院校的培养目标是："培养具有马克思列宁主义与中国革命实践相结合的毛泽东思想的基础、高级文化与科学水平和教育的专业知识与技能、全心全意为人民教育事业服务的中等学校资师。"[②] 高师院校为中等

　　① 柳清秀、代艳艳：《高师院校可持续发展分配机制探讨》，《湖北师范学院学报》2006 年第 6 期。

　　② 王泽：《中国师范教育改革与发展研究》，广西师范大学出版社 2007 年版，第 17 页。

学校培养师资的培养目标定位，几十年来在我国得到了高师院校的认真落实。与此同时，小学师资则由中等师范教育承担。随着我国教育改革的不断深入，国家教育对教师专业素质要求不断提高，要求小学教师也要达到专科或本科毕业，因而，从 20 世纪 90 年代以来逐步取消了中等师范教育，使我国师范教育结构发生了变化，由原来三级师范教育变成二级师范教育，即由专科师范和本科师范教育逐渐构成了我国新时期的师范教育主体，担负起整个教育的"工作母机"的重要使命。因此，高师院校在国家整个教育中担负的压力增大了，再加上社会主义经济浪潮的高涨，高师院校在各方面都表现出缺乏市场竞争力。如科研成果由于具有基础性和文化性，难以实现转换科技产品；在创收方面，缺乏科技支撑，难以获得重大突破等，它所能做到的是创造文化和传授知识，但不能在短期内变为可以直接参与交换的货币。所以，高师院校在市场经济条件下面临种种困难，发展受到诸多限制，更为棘手的是人才无序流动，他们"四不要"就走人，即不要户口，不要档案，不要组织关系，不要职称。这种现状如果得不到有效控制，势必影响高师院校的可持续发展。

要摆脱这种局面，实现高师院校的可持续发展，那就要留住高师院校的人力资源。只有有了人力资源，才能发展高等师范教育。要留住高师院校人力资源，那就要建立一种能够激活高师院校人力资源积极性的分配机制，使高师院校人力资源全力投入高等师范教育，从而促进高师院校可持续发展。

第一节　我国高师院校现行的分配机制

分配机制运用得正确与否，对高师院校的可持续发展具有重要意义。它既能够抑制人们的积极性，又能够激励人们的积极性，因而，我们要特别关注高师院校分配机制的选择与运用。通过对高师院校分配制度的长期考察、分析、总结，概括出目前我国高师院校有四种分配机制：即平均分配、按劳分配、按贡献分配和按智力资本分配机制。现分析如下。

一　平均分配机制

所谓平均分配机制，就是指高师院校教职工不管贡献大小，只有人人所获均等，才能算是公平的分配方式。[①] 这种人性化较强的分配机制产生于中国早期特定的社会历史环境，具有特定历史的先进性，并在中国现代高师院校持续了几十年。中国早期的高师院校分配采用的就是这种大统一的平均分配机制。如今，社会发生了较大的变化，市场经济所倡导的自由竞争、公平合理的观念已渗透到社会生活中各个领域和人们的思想深处。这种分配机制再也不能适应我国新时期的需要，因此，在现实中，这种所谓的"最人性化的分配"被批判成"最不人性化"、"最残酷压制人的天性"的分配枷锁。因而，平均分配机制正在高师院校中逐渐销声匿迹。但是，这种平均分配观念在高师院校中并未完全消失，甚至持这种观念的还大有人在。

二　按劳分配机制

所谓按劳分配机制，就是按照高师院校教职工个人提供给学校劳动的数量和质量进行分配的方式。体现了多劳多得、少劳少得、不劳不得的分配精神。这种按劳分配从观念上摒弃了平均分配的

---

① 柳清秀：《试论高师院校人力资源开发分配律的选择》，《海南师范大学学报》2003 年第 3 期。

"大锅饭"方式，按照教职工讲了多少节课，写了多少篇论文，做了多少个课题或实验以及做了什么工作等分配。它比平均分配机制先进，能激发高师院校人力资源积极工作，进而获得更多的报酬。但是若过分强调按劳分配会忽略教职工脑力劳动的含金量，就会造成分配不公，长期如此，会使教职工降低对教学科研以及管理质量的要求，对工作产生倦怠情绪，积极性和主动性会明显减弱，从而影响整个学校的教学、科研和管理工作水平的提高，直至影响高师院校的可持续发展。

三　按贡献分配机制

所谓按贡献分配机制，就是按照高师院校教职工的贡献大小，成比例地支付报酬的方式。所谓按贡献分配中的"贡献"，就是不局限于某一种劳动方式，既可以是体力劳动，也可以是脑力劳动；既可以提供资金要素，也可以提供信息要素，只要能为组织作出贡献就获得报酬。[①] 高师院校人力资源有体力劳动者也有脑力劳动者，脑力劳动者消耗人的智力资本，而且脑力劳动的技术含金量日益增多；体力劳动者贡献自己的体力，甚至从事复杂劳动，其中也有技术含金量，这其中的知识、信息、技术等都属于生产要素，因而，无论是脑力劳动者，还是体力劳动者，他们都是生产要素的贡献者，都应按其贡献所占比例大小参加分配，获得自己应得到的报酬。

四　按智力资本分配机制

所谓按智力资本分配机制，就是按高师院校人力资源个体贡献

---

① 柳清秀：《试论高师院校人力资源开发分配律的选择》，《海南师范大学学报》2003 年第 3 期。

的知识或经验总和的大小而支付报酬的方式。[1]

高师院校人力资源主要是脑力劳动者，脑力劳动者消耗的是知识，实际上消耗的是人的智力资本，因而必须按人的智力资本进行分配。为了使按智力资本机制分配具有可操作性，有学者将高师院校人力资源个体受教育的程度、知识的多寡、工作年限、职称、技能的高低等作为智力资本的外在具体形式，依照这些具体形式来进行定量分配。总之，按智力资本分配机制代替了我国高师院校长期以来旧的分配方式，打破了高师院校以其特有方式维持"铁饭碗"的壁垒，虽然这种新的分配方式在许多高师院校具体施行中存在着这样或那样的问题，但它的出现是我国高师院校分配史上的一大进步，它为我国高师院校分配机制改革提供了新的契机。

第二节　高师院校可持续发展分配机制的选择

对于第一节四种分配机制，我们要用客观公正的态度去评判它们的利弊。我们应清楚地认识到每一种分配机制在它产生之初都曾对我国高师院校的分配活动起到过积极有效的指导作用。对于每种分配机制的弊端，我们应用历史唯物主义的眼光去分析它，从中总结经验，吸取教训，改革其弊端，使其不断完善和发展成为我国新时期高师院校发展的成熟的分配机制。

一　高师院校应选择按贡献分配机制分配

当前，我国高师院校在改革内部分配机制时，多数实行的是按

---

[1]　柳清秀：《我国高校智力资本分配方式刍议》，《教育发展研究》2000 年第 5 期。

智力资本分配机制进行分配，它是按贡献分配机制分配的发展阶段，在我国高师院校分配史上具有重要的地位。这种分配机制的分配涉及高师院校人力资源智力资本的核算问题，下面我们将专节论之，介绍按智力资本分配的多种方法，为选择按智力资本分配机制分配的高师院校提供一定的借鉴。但是，为全面调动高师院校人力资源的积极性，我们还是主张选择按贡献分配机制分配，更能起到激励全员的作用。但在实践过程中还存在一些问题，其中较为普遍的问题是局限地锁定在"双高"人员身上。所谓"双高"人员是指高学历(硕士、博士)，高职称(正高)。只对这部分人力资源给予高工资、高津贴和高福利。[①] 这种按贡献分配只是在高学历、高职称人员身上实行，而非高学历、高职称人员却得不到按贡献分配机制带来的实惠，反而影响这部分人的积极性，产生消极情绪。这实际上是对按贡献分配机制的一种误解。因而，正确理解按贡献分配机制进行分配的含义是非常必要的。

二　高师院校选择按贡献分配机制分配应注意的问题

首先，应明确分配的客观对象是全体教职工，而不只是"双高"人员。教职工是个广义的概念，它指的是"三支队伍"。即教师队伍、干部队伍和服务队伍。而教师队伍又分为教学人员、科研人员、教学技术人员和教学辅助人员；干部队伍分为行政管理干部、党群学工干部；服务队伍分为一般服务人员、技术服务人员、经营人员和管理人员等。[②] 在这个庞大的教职工群体中，高学历、

---

① 柳清秀：《试论高校教师智力资本的特点与核算方法》，《沈阳师范大学学报(社会科学版)》2003 年第 3 期。

② 柳清秀：《论市场观念下的高校人力资源管理》，《湖北师范学院学报(哲学社会科学版)》2002 年第 4 期。

高职称人员只占一定比重。他们在整个高师院校人力资源中由于学识渊博、教育教学经验丰富和科研能力强，按贡献分配机制分配，获得高工资、高津贴和高福利是理所当然的！但同时，我们也应清楚地看到在高师院校人力资源中除了高学历、高职称人员之外，还有相当一部分非高学历、高职称的教师、科研、管理和服务人员。他们在教学、科研、管理和服务中也作出了贡献，如按照贡献分配机制分配原理，他们也应得到相应的报酬。所以，也应将高师院校的助教、讲师、副教授以及其他职称人员纳入按贡献分配机制分配的对象之中。

其次，按贡献分配机制中的"贡献"一词，同样是个广泛的概念。所谓贡献是由于投入"生产要素"所产生的效益。"生产要素"，马克思认为，它包括劳动、资本和土地三大类。但在高师院校人力资源的劳动中却超出了这个范畴，人们提供的劳动具有技能性，其劳动主要消耗的是知识和技能，实际上是一种智力资本的投入，也可以看成是一种生产要素。"双高"人员投入的是生产要素，那么，其他人员的投入也是一种智力资本——生产要素，都应按贡献分配机制进行分配，获得相应的报酬。

再次，按贡献分配机制分配，应淡化学历、淡化职称，注重高师院校人力资源的贡献。在高师院校有一定数量的高学历、高职称人员参与教学科研是非常必要的，但是，并不是所有的高学历、高职称的人员都有较强的教学和科研能力，也并不是所有的非"双高"人员都没有教学和科研能力，相反，有些非"双高"人员的教学和科研能力很强，他们对学校的教学和科研工作也作出了较大的贡献，不可忽视，应该肯定。在实践中，高师院校的管理者由于所从事的是服务性工作，在分配问题上往往被忽视。按贡献分配机制进行分配可以解决这一问题。因为，这里讲的是按贡献的大小，而不是唯学历和职称。所以，对在高师院校建立按贡献分配机制进行分配，要有正确的理解和运用，这样才能激活高师院校人力资源的积极性，使他们留在高师院校工作，全力投入高等师范教育中去，从而促进高师院校可持续发展。

三 高师院校选择按贡献分配机制分配的作用

按贡献分配机制进行分配，在我国新时期高师院校中能发挥以下三个方面的积极作用。

第一，按贡献分配机制的产生和在高校的实践打破了原有分配体制下普遍存在的"平均主义"和"大锅饭"的思想观念，也纠正了对按贡献分配机制分配的片面理解，树立了"一切以贡献为基础"的分配理念。满足了教职工通过自己的人力资本创造出贡献并获得与贡献相符合的报酬的需要，使自己的价值得以体现和认同；同时也打击了持传统平均分配观念的教职工"出工不出力"、"混天数拿工资"的懒惰行为。推动了我国高师院校内部分配机制改革，加快了我国新时期高师院校整体改革的进程。

第二，按贡献分配机制分配的对象，既包括"双高"人员，也包括对一般教师队伍、干部队伍和服务队伍所有教职工在内的每一个人的激励。它淡化了学历，淡化了职称，"一切以贡献为基础"，按同等标准报酬，谁有贡献，谁就得到报酬；谁的贡献大，谁的报酬就多，彻底改变"头衔一朝加冕，荣耀终身享受"的局面，鼓舞了全体教职工，激励他们进行教学、科研和从事其他工作的积极性、主动性、能动性和创造性，使他们精神饱满地投入到工作和学习之中，并提高工作效率，改进工作方法，增强劳动技术的含金量，提高业务水平和工作业绩。同时，积极主动地进行智力投资，积累智力资本，及时更新自己的知识、经验、智力，注重智力资本的运用，给个人、学校和社会都会带来较好的效益。

第三，突出按投入生产要素参与分配的新思想。按贡献分配机制原理说明，只要能对高师院校作出贡献，无论是脑力劳动还是体力劳动，无论是提供知识信息生产要素，还是提供资金生产要素，或是技术生产要素，都能以同等的标准得到同样的基本符合自身贡献的报酬。这样多种方式的劳动、多种生产要素参与贡献分配的方式，可以调动高师院校各种人力资源的积极性，吸引广大高师院校人力资源参与学校各项工作，综合推进学校的发展进程，创造学校的综合效益。

综上所述，按贡献分配机制分配打破了我国高师院校传统的平均分配方式，纠正了按贡献分配机制分配只局限在"双高"人员中进行的偏差，主张凡是作出贡献的高师院校各种人力资源都应成为按贡献分配机制分配的对象，使其获得与自身贡献大小基本相符的报酬，从而激励他们积极投入高等师范教育事业，促进高师院校可持续发展。这一分配机制如果在高师院校普遍推行，它将产生深远的影响，带来积极的效果。

第三节　高师院校教师智力资本的特点与核算方法[①]

高师院校教师智力资本是通过长期接受教育和从事社会教育活动实践获得的。其形成有自身的途径和特点。由于智力资本需要长期积累，因而，进行智力投资是高师院校教师智力资本积累的必然

---

① 柳清秀：《高校教师智力资本的特点与核算方法》，《沈阳师范大学学报》2001 年第 3 期。

选择。高师院校教师智力资本形成后，需要通过量化的方法进行核算，从而确定拥有智力资本个体的存量，并以此作为智力资本分配方式的分配依据。

一　高师院校教师智力资本的形成途径

高师院校教师的劳动以消耗知识为主，实际上所消耗的是人的智力。在工业文明时代是这样，知识经济时代也是这样，将来还是这样。高师院校教师的劳动方式不会变，但获得报酬的分配方式却从传统的平均分配方式而被智力资本分配方式所取代。智力资本分配方式将成为我国高校在知识经济时代对教师劳动的主要分配方式。所谓智力资本分配方式就是按个体获得知识或经验总和的大小而支付报酬的方式。[①] 教师个人能否参与高师院校的经营活动，能否获得财富，取决于个人的智力资本。所谓智力资本就是个体在长期的学习或社会实践中所获得的知识或经验的总和。[②] 在高师院校就教师智力资本形成的途径而言，有三种情况：一是纯公费供给制，即由国家单位出钱供给学习，完成学业。通过这种途径获得智力资本的教师，在我国目前居多数。二是纯自供制，即自费完成学业。三是混合制，即自供制和公费制相结合而完成学业。[③] 无论哪一种途径的智力投资，一旦使受教育的教师形成智力资本后，都具有以下共同特点。

二　高师院校教师智力资本的特点

其一，智力资本具有增值性。一般资本的一个重要特征就是具

---

① 柳清秀：《我国高校智力资本分配方式刍议》，《教育发展研究》2005 年第 5 期。

② 同上。

③ 同上。

有增值性，即投入产品生产，经过销售，所收回的收入减去抵补生产成本费用后尚有剩余。这不仅可以由资本原始积累的速度得以证明，而且，可以由现在新富的致富速度得以证实。在资本主义资本的原始积累过程中，要达到几个亿的资本需要几代人的努力，而现在的新富比尔·盖茨则用了不到 20 年的时间，其资本额已高达 850 亿美元。高师院校教师智力资本的增值性表现在"四高"上，即高工资、高津贴、高级住房和高科研水平。由于教师智力资本的积累是随着智力投资的增加而增加，当投资形成教师个人智力资本后，其工资在原有的基础上有相当幅度的提高，津贴也随之高涨，每年可达到数万元或更多，高级住房随之而来。同时，科研能力和水平在原有的基础上也有很大的提高，可以获得学校或政府的奖励，为教师带来"名利"的双丰收。所有这些充分证明了智力资本的增值性。

其二，智力资本具有长期的收益性。高师院校教师智力资本一旦形成，所有者可以终身受益，尤其是对某一学科基本知识的积累、基本规律的掌握和重要经验的汲取，形成自己的教学风格和研究方向，可以不断创造出新的智力成果，长期获取收益。这不仅可以给智力资本的所有者带来经济物质上的收益，而且，也能够给智力资本的所有者带来精神上的快慰。这两种收益能极大地满足高师院校教师个人的需求，从而激发教师充分运用智力资本，形成良性循环。

其三，智力资本具有独占和排斥性。智力资本的所有者，即教师个体。一旦拥有智力资本，其不分智力投资途径，都视为自己的"专利"，归自己所有。并以此获得的一切物质和精神上的收益都是独占性的、排斥性的，他人不可与其共享。

其四，智力资本具有权威性。所谓权威性是使人信服的力量和威望。当然，也可以理解为有权力和威望。威望是指声誉和名望。高师院校教师智力资本一旦形成，就具有权威的属性。它不是通过政府任命获得的，而是智力投资的结果，或者说是智力资本产生的效应。智力资本的所有者，创造的新成果越多，其产生的影响力就越大，而具有权威，信服者就多。反之，则不然。智力资本的权威性不是一时形成的，也不是凭借外力树立起来的，它是智力资本的所有者经过长期的学习或实践而获得的"专利"。有时，甚至超过校长的权威。因为，校长的权威是通过任命这种"外力"扶持起来的，也有可能只有"权力"而无"威望"，二者难以统一。而智力资本的权威性，正好相反，它能够将二者有机统一起来，长期产生作用，不受时间限制，而校长的权威却受到任期的限制。因此，智力资本的权威性不同于校长的权威性。

三 高师院校教师必须进行智力投资和智力资本积累

由于智力资本所具有的四个特征对高师院校教师具有较强的吸引力，因此，进行智力投资和积累智力资本也就成了高师院校每个教师的理性选择，同时，也是知识经济时代对高师院校教师的客观要求。理由是：

第一，智力投资是增加高师院校教师智力资本的重要手段。智力资本的形成是直接接受教育和学习、研究和实践的结果。在接受教育和学习、研究和实践过程中，必须有相应的投入。如支付有关费用，购置有关设备，进行教学实践也要有设施和图书资料，以及接受教育和学习、研究和实践的时间投入，而时间具有价值，特别是在学习、研究和实践中放弃了工作和相应的收入，也是智力投资的重要组成部分。智力投资的主体包括个人、学校和政府。智力投资的收益，对教师个体来说，是获取财富的手段；对学校来讲，是学校发展的直接动力；由于学校采取智力资本分配方式进行分配，使一部分教师先获得了高报酬，对政府而言，可以对这部分教师收取个人所得税。从这个意义上讲，智力投资是政府税收的直接来源和形成经济增长点的一个新因素。可以说，智力投资一旦形成智力资本，就真正有利于个人、单位和国家。

第二，智力投资是高师院校教师个人生存的基本要求。学校对教师的需求主要是智力需求。如果一个教师达不到学校所要求的智力水平，那么，这个教师就会处于失业状态，难以取得相应的收入，个人的生活就会受到威胁。要达到学校所要求的智力水平，就必须进行学习和研究等，进行智力投资。

第三，智力投资是高师院校教师获取财富的前提。无论是三要素分配理论，即劳动力通过劳动获取工资，资本通过投入运营获取利润和土地通过占用收取地租，还是按劳分配理论，都强调劳动者必须参加劳动，才能获得相应的工资收入。在高师院校对于教师来说，能否参加劳动，即能否参加教学和科研，取决于教师个人的智力资本——知识水平和劳动技能。在知识经济时代，高师院校财富的分配是以智力资本为轴心的分配模式。在这种模式下，智力资本的多少将决定财富的分配的多少。因此，要想获得财富就必须进行相应的智力投资。

第四，智力投资是促进高师院校教师知识更新的催化剂。社会发展，科技进步，知识更新越来越快，这种客观环境的变化也要求高校教师从一次性学习转为终身学习，而不断地更新知识。要更新知识必须进行智力投资，如外出进修、参观学习等，以获得新的信息，与原有知识进行重组、整合，又形成新的知识结构，将新的知识传授给学生，以适应变化了的新环境。

以上四点也就构成了高师院校教师个人智力投资的充分理由和

积累智力资本的迫切需要。按马斯洛的层次需求理论，个人的发展实际上是从低级需求到高级需求的逐步满足过程。不论何种层次需求的满足，都离不开智力资本，并且，随需求层次的提高，所需的智力资本越多，智力投资也就越大。从这种意义上说，智力投资的目的不仅仅是为了获取财富，而且，也是为了实现自我。因此，进行智力投资和积累智力资本是高师院校教师的必然选择。

四 高师院校教师智力资本的核算方法

在实践中，怎样对高师院校教师智力资本进行量化核算，或者说，对智力资本进行定量，依量支付报酬，这是一个十分棘手的问题，也就是高师院校智力资本分配方式要解决的难题。浏览我国目前高师院校智力资本分配方式的执行情况，有三种量化核算方法。

（一）两高核算法

所谓两高核算法，是指有些高师院校将智力资本理解为高学历（硕士、博士）、高职称（正高），因此，只对这部分教师给予高工资、高津贴和高级住房。我们称之为"两高核算法"。

在"两高核算法"下实行的智力资本分配方式，却忽略智力资本的产出这一重要因素，只注重智力资本的形成，而不重视以智力资本进行创造性的劳动。这与市场经济的基本原则是不相符的。在市场经济中，商品本身不仅具有价值，而且，还要通过交换，实现其使用价值。也就是说，高校教师所获得的智力资本是一种特殊商品，固然具有价值，但未运用，使其产生使用价值，却获得了高度的智力资本增值。因此，它鼓励人们片面地追求高学历、高职称，忙于深造、参加各种考核或考试，而忽略承担当前工作和实际能力的培养。

（二）产出核算法

所谓产出核算法，是指有些高师院校按智力资本的产出来确定分配量，即按智力资本的所有者完成了多少教学学时和科研任务而进行分配。我们称之为"产出核算法"。

在"产出核算法"下实行的智力资本分配方式，又会使人们只注重智力资本的运用，而忽略智力投资，容易导致智力资本的所有者知识老化，跟不上形势，也存在弊端。

（三）量与产出核算法

所谓量与产出核算法，是指有些高师院校对智力资本的量化既注重了智力资本的高低，主要是指教师接受教育的程度、工作年限、职称、知识的多寡和技能的高低，又注重了智力资本的产出，主要是指教师的教学工作量和科研成果的多少。一方面把智力资本的量与其自身的价值与分配挂钩；另一方面也把智力资本的量与其产出相挂钩。我们称之为"量与产出核算法"。

在"量与产出核算法"下实行的智力资本分配方式，避免了前两种核算法下的弊端，既鼓励教师重视智力投资，又注重智力资本的产出。应该说这是目前一种比较理想的智力资本核算方法。但是，也忽略了智力资本的量和智力资本的产出的动态性。因此，高师院校教师智力资本的量化核算应该采取另一种新的核算方法。

（四）动态核算法

所谓动态核算法，是指随教师的智力资本的提高而提高、下降而下降进行核算的一种方法。支付教师的报酬也随之提高而提高、下降而下降。这是一个动态的变化过程，而不是固定不变的。所以，我们称之为"动态核算法"。

在"动态核算法"下实行的智力资本分配方式，既吸取了第三种方法的优点，又克服了其缺点，是一种最佳的核算方法。它可以使高师院校所有的教师在智力资本"动态核算法"下获得不同程度的收益，而避免了其他三种核算方法存在的弊端或不合理现象，进而使高师院校智力资本分配方式逐步完善起来并健康有序地向前发展，从而促进高师院校的可持续发展。

第四章

高师院校可持续发展财务
机制的构建

在我国推行大众化高等教育的进程中，高师院校在追赶效应和拉拔效应的影响下，为谋求生存与发展，纷纷踏上了高额举债运行的道路，以实现超常规发展。但这种过度举债的超常规发展将会引发高师院校财务危机，外部债主逼债、还贷，内部财务运行不灵，资金来源有限，各项开支不能正常支付等，使高师院校财政运行极端困难，影响高师院校可持续发展。因而，应建立一种高师院校可持续发展财务机制。它由高师院校财务预警机制、高师院校财务危机分期与破解对策和高师院校可持续发展投资新模式组成。构成高师院校财务风险的预报、防范、控制、破解和造血的新机制，从而使高师院校渡过财务危机，迎来新生。

第一节 高师院校可持续发展财务 预警机制[①]

我国为贯彻科教兴国战略，加快教育和科技事业发展，适应社会和经济的发展需要，采取超常发展的重大举措，大力发展高等教育，使我国高等教育规模不断扩大。招生人数由 1998 年的 108 万增长到 2003 年的 335 万，高等教育入学率由 1998 年的 9.8% 提高到 2003 年的 15%，跨入了国际公认的高等教育大众化阶段。[②] 国家连年扩招的举措满足了广大人民群众对高等教育的教育要求。高师院校在高等教育大众化的进程中，也获得蓬勃发展。经统计，截至 2002 年全国共有师范类院校 183 所、教育学院 34 所、非师范类院校 258 所参加了师范类招生。2002 年全国有 140.2 万名师范类普通本专科在校生，其中师范类院校学生占 70%，教育学院学生占 2.6%，其他院校类学生占 27.4%。[③] 高师院校扩招后，给原来本就脆弱的教育教学条件增加了许多压力。高师院校为了谋求生存，往往超越自身的承受能力，高额举债征地扩建校舍以及与之相配套的设施，来解决扩招后出现的基本教学设施严重不足的严峻问题。这就导致高师院校面临两难境地：一方面不能不参加国家高等教育大众化的发展进程，因为师范教育是整个教育的基础；另一方面学校自身条件不能满足高等教育大众化发展进程的需要。要解决这个问

[①] 柳清秀：《高师院校可持续发展财务预警机制初探》，《湖北社会科学研究》2005 年第 2 期。

[②] 陈南飞：《高校扩招面临的问题和对策》，《中国教育教学》2004 年第 78 期。

[③] 董洪亮：《二百五十八所非师范院校培养师范生》，《人民日报》2003 年 12 月 25 日，第 11 版。

题，就需要巨额资金作为后盾。巨额资金从哪里来呢？依靠国家的计划投资，显然是远水救不了近火。我们以某省一所省属本科师范院校为例，来证明这一观点。该校建于 20 世纪 70 年代，经完全统计，从建校到 2004 年为止，国家对该校基本建设投资为 3200 万元人民币，该校于 20 世纪 90 年代中期起，从学校预算外资金拨入自筹基建款 6400 万元人民币，是国家基建拨款的两倍还多。国家基建拨款跟不上高师院校发展建设的需要在我国是一个普遍现象。因此，高师院校要谋求发展，只有争取国家加大投入，但这有一个过程，现在不能等；学校加大自筹基建资金的力度，但财力十分有限。所以，高额举债就成为高师院校谋求生存与发展的普遍途径。随着债务的到期，它将给高师院校带来还债压力，乃至引起财务危机。因而，我们从财务活动的角度来探究一种高师院校可持续发展财务预警机制，为高师院校的领导者提供正确决策的理论依据和方法指导，防范高师院校财务风险，从而促进高师院可校持续发展。

所谓高师院校可持续发展财务预警机制，又可以称为高师院校可持续发展财务风险预报警告机制。是指高师院校财务活动在各要素和各环节中所进行风险管理的过程。它为高师院校财务活动的正常运行提供保障，对高师院校财务活动超负荷运行提出财务风险预报警告。实践中，高师院校财务活动在遇到以下情况之一时，财务部门就应该及时向决策者们提出财务风险预报警告，引起决策层的注意，并做好防范财务风险的准备。

一　高师院校可持续发展财务风险预报警告内容

高师院校可持续发展财务风险预报警告内容一般由盲目扩招，高速膨胀；高额举债，征地扩建；吸引民间资金盲目让利，牺牲学校长远利益和收不抵支，用贷款还息四个主要方面构成。

（一）盲目扩招，高速膨胀

信息时代，高师院校彼此的横向接近和了解使它们的互相影响加强。由于宏观竞争障碍的减少和攀比心理的作用，院校与院校之间的微观竞争反而加剧。后进高师院校更容易模仿先进高师院校，先进高师院校为保持竞争优势而更加努力创新，以模范形象出现在高师院校群体之中，并向一些条件差的高师院校伸出援助之手。这就形成了"追赶效应"和"拉拔效应"。所谓追赶效应和拉拔效应，前者是指后进者奋起追逐先进者所产生的效应。当一个强有力的新竞争者出现时，模仿效应会使其新思想往前、往后，横向传递，从而使整个行业受益，当然包括追赶者。后者是指一些条件较差的高师院校在一些条件较好的甚至是模范高师院校的拉拔下，也提升了自己的竞争力，实现外力拉拔的暂时发展的情况。但缺乏根基，难以持续发展下去。无论是追赶，还是拉拔，其共同的表征就是大力追求规模效益，盲目扩招，使学生人数成倍递增，实现高速膨胀，引起高师院校财务成本费用急剧上升，出现收入增加跟不上成本费用增长的情况，给高师院校财务活动造成压力，进而诱发财务风险。

（二）高额举债，征地扩建

为了满足盲目扩招，实现高速膨胀的需要，在国家基建投资严重不足，学校自筹基建资金能力有限时，高师院校只好向商业银行或其他金融机构高额举债征地，加速扩建校舍以及与之相配套的设施以解决当务之急。有的高师院校已举债数亿元人民币，负债比率已是学校固定资产的80%。因扩招还在进行，贷款建设尚未停止，不少高师院校为提高自身固定资产的总值，而不惜花钱聘请有关机构对现有土地、森林以及建筑物进行重新评估作价，以提升固定资产总值，应付贷款之需。这种超常发展的举措，如无一种财务风险预报警告机制的制约，造成高师院校财务风险的发生将是必然的，它势必影响高师院校的可持续发展。在高师院校可持续发展的历史进程中，适度举债经营，图谋发展，是高师院校必然选择的发展思路。但是，举债要根据高师院校的偿还能力来确定。在市场经济条件下，高师院校的性质决定了它与其他院校的区别，高师院校难以实现"产、学、研"一条龙而带来的经济效益，首先它只能是主要靠收取学费获得收入和国家对师范院校的有限拨款，其次是有限的社会捐赠。在这种情况下，从经济理论上讲，有研究表明，企业的一般习惯做法是使负债率处于企业资产的50%，这时企业才有偿还本息的能力。[①] 高师院校举债经营的负债率也应为学校资产的50%，并且主要是固定资产。这一点与企业不同，学校没有大量存货，也没有由此引起的应收账款，学校积累主要表现在固定资产上。如果学校负债率超过固定资产总值的50%，就视为超过临界点，将会导致还息难，还本金更难，进而引发财务风险。

（三）吸引民间资金盲目让利，牺牲学校长远利益

向商业银行或其他金融机构贷款扩建，由于贷款额度超过了学校的承受能力，商业银行或其他金融机构往往将其贷款量限定在一定额度以内而不再增加贷款。这时，高师院校的扩建框架已经拉开，为了填补资金缺口，在发展的紧急关头，转而吸引民间资金，经常是高师院校图谋发展的一项重要举措。特别是是在学生宿舍和食堂建设上，通过转让15—20年经营权的方式，引进民间资金进行建设。建成后，由投资方按双方约定时间进行经营收益，逐年收回投资后，再把所有权和经营权交归学校所有。这看起来似乎很划

---

① 张秀文：《企业财务安全的预警与风险防范》，《天津商学院学报》2004年第3期。

算，其实不然。高师院校在约定让利时间内对这些合作建设的项目只有使用权，而无所有权和经营权。也就是说，高师院校在这约定时间内无住宿费收取权和食堂经营收入权，只能获得学费收入。但经测算，这种引资方式欠妥，是盲目让利，以牺牲学校长远利益为代价。例如，某师范院校提供土地，引进民间资金新建5000人学生宿舍一所和3000平方米食堂一个。投资方共花3500万元人民币，获得经营权18年。学生宿舍每人每年收费1200元，计600万元人民币；学生伙食标准按每人每月300元计算，计150万元毛收入，利润为12%，全年按10个月计，获利润180万元。投资者18年获利总额是：住宿费收入18×600万元=1.08亿元；食堂收入18×180万元=3240万元。两项合计1.404亿元人民币。商业网点给投资者带来的利益尚未计入其中。由此可以看到，学校失去了大头收入，可能由此引起高师院校财务风险的发生。现实中，有的高师院校只好用高价收回经营权和所有权，就是这个道理。

（四）收不抵支，用贷款还息

高师院校的现行做法是在当年预算外资金中，按10%的比例列入教育经费支出，将这10%的经费拨入学校作为自筹基建经费。一般高师院校难以达到这个要求，很少有高师院校超过这个标准。自筹基建经费的到位，在使用上有的高师院校没有贷款就直接用于建设，按部就班地缓慢发展，无须还本付息；有贷款的高师院校首先是用来还本付息，但在实践中有的高师院校用自筹基建经费还息还不够，更谈不上还本。如出现这种情况，就有可能引发财务风险。例如，某高师院校举债2亿元人民币，学校规模由1999年的4000名学生增长到2004年的1.5万名学生。按国家定价标准计算学费、住宿费收入，求出其自筹基建经费，看能否支付银行利息。经测算，全校学生平均年缴纳法定费用（学费和住宿费）6500元，全校年收入可达9750万元。所以，该校充其量也只能自筹基建经费975万元。可是银行基准利率年5.42%，2亿元人民币的贷款利息就要支付1084万元。为了还息，此时学校财务要么采取压缩正常开支，扩大自筹基建资金额度，增加还息的支付能力，但是，这一措施将会打破整个学校的正常运行格局，影响学校的稳定和发展；要么利用银行贷款来支付利息，这将会导致学校财务状况进一步恶化，必然会引起财务风险。

这些表现是高师院校在我国高等教育大众化的进程中，高额举债、谋求发展而引发财务出现风险的典型状况。它通过一组组数据反映在学校财务账上。出现这些情况后，学校财务部门应及时向学校决策层提出财务风险预报警告，使决策层引起重视，调整发展战略，进行财务风险防范，保证高师院校可持续发展。要进行财务风险防范，实现高师院校可持续发展，必须参照高师院校可持续发展财务风险预报警告机制所设想的防范方法进行。

二　高师院校可持续发展财务风险预报警告的防范措施

高师院校可持续发展财务风险预报警告的防范措施一般由以下五个方面的内容组成。

（一）关注国家宏观金融政策变化，正确把握举债发展的度

依托商业银行贷款或向其他金融机构举债发展的高师院校在其发展进程中，为规避财务风险，一是要关注国家宏观金融政策的变化对学校在投资建设项目、筹措资金等方面可能带来的负面影响。这其中应特别关注中国人民银行通过提高存款准备金利率以紧缩银根而实现对宏观经济的调控，它将会引起商业银行压缩贷款投放量，遏制经济过热现象。我国人民银行于2003年9月23日和2004年4月25日两次分别将存款准备金利率上调1和0.5个百分点，全

国锁定 3400 多亿元人民币，使商业银行贷款投放量陡然下降，许多高师院校的在建项目因资金短缺而延缓工期，影响学校预期收益的实现。因此，当国家宏观金融政策变化时，高师院校举债经营应及时调整运行策略和投资方向，必须考虑负债规模和偿还能力，把握举债运行的度是高师院校防范财务风险的关键。二是要注意举债运行的临界点，即将举债额度严格控制在学校固定资产总值的 50% 的这个点上。在达到临界点之前，高师院校加大负债将会获得更大的财务杠杆效益。一旦超过临界点，加大举债将会成为财务风险的前兆。三是要注意筹资结构。按筹资方式不同，可以将筹资分为权益融资和负债融资。在这个环节上要安排两者的比例，使举债水平适当，不能超过学校自身承受能力。四是要合理安排债务偿还的时间和额度，力求平稳偿还债务，避免还款过于集中，造成出现无法支付到期债务的局面。

（二）积极调整举债发展的速度，避免盲目扩张

在追赶效应和拉拔效应的影响下，不断扩张是多数高师院校的内在冲动。这种冲动往往形成过度举债运行，有的高师院校高额举债达到其固定资产的 80%。上例中的高师院校虽说其发展是超常的，在校学生数由 1999 年的 4000 人增长到 2004 年的 15000 人。其发展速度惊人，但举债高达 2 亿元人民币一样令人吃惊。年支付利息 1084 万元，而自筹基建费只有 975 万元，欠银行部分利息还得采取其他措施偿还，更谈不上偿还本金。因而，高师院校积极调整举债发展的速度，放慢或稳住基建投资，转而抓质量，进行优质课程、品牌专业建设、调整培养结构，以图内涵发展，避免盲目扩张，造成当代人过度谋求发展而耗竭资源，殃及后代人的生存和发展，使后代人几辈子也还不清上代人的举债，这样的发展应该得到有效调整与控制。

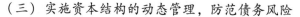

（三）实施资本结构的动态管理，防范债务风险

资本结构是指高师院校债务资本与自有资本的比例关系，即负债与学校资产主要是固定资产之间的比例关系。实践中，负债资本具有提高学校权益资本收益率的杠杆作用，同时，可以让高师院校在不稀释控制权的条件下，掌握和运用更多资源。正是这些好处吸引了众多的高师院校纷纷踏上负债运行的道路。但负债是一把双刃剑，负债率过高时，高师院校将面临较大的本息支付风险，并诱发财务危机。因此，高师院校应及时调整和优化资本结构，使负债规模适度，控制在自身能力承受范围，这是防范债务风险的有效措施。另外，高师院校的资本结构是一种动态组合，现有的优化结构会因不同学校内外部各种条件变化而变为次优甚至不合理的结构。高师院校财务必须通过筹资、投资管理及时调整学校资本结构，使之达到收益、风险、成本费用相配比的优化状态。

（四）加强日常资金管理，保证合理运用

高师院校在日常财务管理过程中，应重视流动资金的回收和管理。在高师院校流动资金除了国家有限的财政拨款外，其余部分主要掌握在学生手中。如果学生不按规定缴纳学费，那么，学校的当年预算就不能兑现。现在高师院校学生欠费已是一种普遍现象。据研究表明，湖北师范学院 2003 年学生欠费 2000 多万元；湖北孝感学院（由原湖北孝感高等师范专科学校改名，现已招师范本科生）学生欠费 1500 余万元；湖北咸宁学院（由原湖北咸宁高等师范专科学校改名，现已招师范本科生）、湖北襄阳学院（由原湖北襄阳高等师范专科学校改名，现已招师范本科生）学生欠费均在 1300 万元以上；湖北黄冈师范学院学生欠费 1700 多万元……①这一笔笔巨额流

---

① 柳清秀、崔波：《论构建高师院校可持续发展投资新模式》，《教师教育研究》2004 年第 3 期。

动资金不能在规定的时间收回，使当年预算收入不能兑现，严重影响了高师院校的正常运行，使高筑债台的高师院校更是雪上加霜。因此，采取有效措施向学生收回流动资金，实现当年财务预算，既是保证高师院校可持续发展的必要条件，也是高师院校防范负债风险的重要手段。高师院校学生拖欠学费是我国高等教育发展中必须解决的现实问题，它是一项复杂的系统工程。学生、家长要提高对缴费上学的认识，并积极付诸行动，按时足额缴纳学费；国家应加快建立学生个人信用系统，委托商业银行向学生发放助学贷款，同时给银行贴息和支付手续费并为助学贷款银行担保，以减少银行助学贷款的风险，调动银行助学贷款的积极性，从而减少学生欠费额度，间接支持高师院校可持续发展。与此同时，学校也要加强对学生拖欠学费问题的管理力度，探求解决问题的经验和方法，运用正当手段来维护学校自身的合法权益，有效遏制学生的拖欠行为，逐步减少"一年交钱，二年三年不见面，四年算总账，外加复印件，五年六年再还钱"的现象，从而保证高师院校法定学费、住宿费收入按时到位。学校财务部门应合理地调度和运用经费，在确保教育事业费正常支付的同时，按财务预算有计划地拨付自筹基建款，以便学校各项工作的正常运行，进而促进高师院校可持续发展。[①]

（五）树立风险意识，加强财务风险防范

高师院校财务活动是在激烈竞争的市场经济环境下进行的，通过扩招，既获得了收益，又不可避免地要遇到和承担风险，因为风险与收益对称是市场经济的基本规律。因此，高师院校财务活动必须遵循风险——收益配比原则，在运用财务杠杆时，应谨慎对待偿债风险；在提高投资收益的过程中，应严格控制投资风险；在积极

---

① 柳清秀、崔波：《论构建高师院校可持续发展投资新模式》，《教师教育研究》2004年第3期。

开拓国际联合办学时，应合理规避外汇风险。因此，我们应看到高师院校财务环境的变化，财务风险也会有随之发生的可能性。高师院校财务活动应及时了解和掌握这些变化，为高层决策者们提供真实的参照依据。随着高师院校财务活动范围的扩大，财务风险的范围和防范难度也在不断增强，这是毋庸置疑的事实。所以，我们应树立风险意识，加强高师院校财务风险防范，有效化解高师院校财务风险。具体地说，应做好四个方面的工作：一是加强财务风险教育，使全体教职工都能牢固树立风险意识，在思想上时时紧绷预防财务风险这根弦；二是加强财务风险预测，应用合适的财务风险预警指标，对学校举债、用债和偿债过程中所涉及的各个环节和各种因素进行预测，并充分做好应对各种不利因素的影响可能引发的财务风险准备；三是加强对风险的预防，即在财务风险尚未发生之前，根据学校的发展，结合当前实际，事先对学校资金增量与运动进行预测，分析其运动趋势，制定防范风险的方案，以便对可能出现的财务风险进行预控；四是加强对财务风险的控制，主要在风险可能发生或者已经发生时，通过一定手段和方法使财务活动产生一种互补效应，或者通过迅速制定处理风险方案，或收缩投资、增加收入、压缩开支、节约费用、处理资产、债务重组、裁减冗员、延期支付薪酬等，及时扭转或控制被动的财务局面。[1] 使高师院校在举债发展的进程中最大限度地减少损失，实现可持续发展。因而，需要高师院校人人树立风险意识，层层抓风险防范，特别是学校领导层，要常抓不懈，才能收到好的效果。

高师院校财务风险的产生将会影响其可持续发展。我们建立高师院校可持续发展财务预警机制，就是要防范高师院校可能出现的

---

① 罗瑶琦：《企业财务危机的成因及综合治理》，《山西财经大学学报》2004 年第 2 期。

财务风险。只要我们对高师院校财务风险有正确的认识，主动启用高师院校可持续发展财务风险预报警告机制，积极对其进行防范，高师院校财务风险是可以得到控制的。否则，将会导致财务危机，使高师院校财务行政陷入十分困难的境地。

第二节　高师院校财务危机分期与破解对策①

所谓高师院校财务危机，是指高师院校在高额举债下正常运行处于严重困难的状态。它与高师院校财务风险不同。高师院校财务风险是一种预测性的见解，认为高师院校过度举债可能引发的危险或困难。而高师院校财务危机已经是处于一种严重困难的状态，即已经发生的事实。它的形成，不是人们所说的一般风险，而是财务风险的最高级。

高师院校财务危机的产生不是突然发生的，而是一个发展的过程。它由始发期、高发期、维持期、转型期和持续期五个阶段组成。在每个阶段中都有自身的特点，需要高师院校财务行政人员很好地掌握，并运用科学方法进行处置。高师院校财务危机发生后，高师院校是负债的主体，不要受高校举债由国家全部"埋单"乌托邦式观点的影响，怠慢对学校财务危机的处理。当危机发生时，应积极主动采取具可操作性的破解对策，控制财务危机的蔓延，逐步化解学校财务危机，从而使高师院校财务处于正常状态或恢复到原

---

① 柳清秀、吕佳：《高校财务风险分期与破解对策探讨》，《现代教育科学·吉林高等教育研究》2009 年第 5 期。

来的运行状态，进而使学校有序开展的教育、教学、科研和其他培养人才活动的顺利进行。所以，高师院校应该清醒而正确地认识财务危机形成的危害性，积极主动找到形成的原因，寻求解决的办法，探究破解财务危机的策略是高师院校迫在眉睫的紧急任务。

一　高师院校财务危机产生的原因

我国从 1999 年高师院校扩招以来，高等教育进入了高速发展阶段，即从精英教育阶段向大众化教育阶段过渡，实现了跨越式的发展。国家发改委副主任张茅说：2007 年我国普通高校大学生和研究生规模分别达到 570 万人和 42 万人，普通高校在校生 1738 万人，硕士生达 110.5 万人，在校人数居世界第一。中国高等教育的发展是一个了不起的成就。我们在投资不足的情况下，支撑了全世界最大的教育人口，让更多的人获得了受高等教育的机会，大幅度地提高了国民的文化素质，只用 10 来年的时间完成了资本主义国家上百年才能实现的目标。如果考虑高职在校生，那么，中国高等教育的在校生情况怎样呢？教育部高教司副司长扬志长 2008 年 1 月在重庆普通高校质量工作工程报告会上说：我国高校在校生人数 2500 万人，规模已居世界第一，毛入学率 23%。[1] 比我国教育发展规划"高等教育 2010 年毛入学率达 23%"的目标提前 3 年实现。[2] 我国高等教育跨越式发展的实现途径，就是通过各高校从银行借款建设而满足自身规模的发展需要来完成的。我国高校向银行借款始于 1998 年。1998 年教育部直属高校仅个别高校向银行贷款，金额不足 5 亿元，到 2000 年已经有 70% 的高校向银行贷款，总金额高达

---

① 摘自《教育文摘周报》2008 年 1 月 16 日，第 6 版。
② 姜毅、高凤岩：《高等学校负债办学的风险防范》，《东北财经大学学报》2006 年第 1 期。

88 亿元。① 江苏省更为显著，1999 年全省有普通高校 72 所，本专科生 35.93 万人，到 2003 年高等学校已达 105 所，在校学生 91 万人，向银行贷款也由 2000 年不足 10 亿元，发展到 2003 年的 50 亿元，预计到 2004 年将达到 95 亿元。② 对此，教育部、财政部于 2004 年就下达了《关于进一步完善高校经济责任制加强银行贷款管理切实防范财务风险的意见》。这个意见为我国高校确定科学的发展观，积极应对贷款风险，强化责任意识，建立自我约束机制提供了法律依据。但在实践中并未得到高校的有力贯彻，反而贷款势头还在上升。据中国社会科学院发布的《2006 年：中国社会形势分析与预测》蓝皮书称："2005 年我国高校向银行借债 1500 亿—2000 亿元。"2007 年"两会"期间公开的数据为 2000 亿元。我国高校之所以贷款是因为扩招和投资严重不足所致。许多文章都局限于这种分析上，并在此基础上预测高校将会产生财务风险，而从宏观上提出解决对策。这些解决对策虽说具有指导性，但不具有可操作性。作者经过认真思考后，认为导致高校高额举债经营，出现财务危机的原因，固然与国家扩招和对高等教育投资不足有关，所列理由是必要的，但还不充分，应该增加以下两点，才能使人更加信服。

一是宽松的借贷环境从根本上解决了高校建设资金的需要，才使高校建设发展如此之快。在我国，几十年来银行视高校为事业单位，一贯不向高校贷款。为什么到了 20 世纪 90 年末和 21 世纪初，银行居然与高校联手，积极放贷，使中国高等教育一下子进入了国际公认的大众化阶段呢？大家知道，中国经济体制改革于 20 世纪

① 李素芳：《高校贷款的风险防范对策》，《事业会计》2003 年第 5 期。
② 刘全锋、金民忠：《浅析高校贷款风险及偿还能力》，《内蒙古师范大学学报（哲学版）》2001 年（增刊）。

90年代中期基本完成。银行在国家全部"埋单"的帮助下，从坏账中彻底探出身来，并纷纷进行改革上市，与政府脱钩，完全按市场化运作，政府不再为银行的不良资产"埋单"。银行自谋新的发展思路。在"教育是产业理论"的影响下，瞄准高校这块新的市场，视高等教育为银行利润的新的增长点。要实现这个目标，必须寻找市场，落实到具体的高校。而高校为了抓住机遇，扩建校舍，改善办学条件，缺的就是钱，而银行愿意贷款，自然走到一起，银校联手，短短几年就使中国高等教育特别是高等师范教育实现了跨越式的发展。如果没有银行的支持，高师院校到哪里去借钱！因而，银行在中国高等教育跨越式的发展中立下了汗马功劳，功不可没！但是也引起了另一负面因素的产生。

二是有些高师院校领导人一味追求政绩，他们不顾学校实际，贪大求洋，盲目追求规模效益，高额举债，圈地，扩建校舍，建设楼堂馆所和"面子工程"。对建设项目缺乏科学论证，即使论证了也超规模、超标准建设，不计成本，不考虑还本付息，只要建起来就行。这种不正确的政绩观也是使高师院校陷入财务危机重要的内在因素。所以，国家扩招、投资不足、宽松的借贷环境和一些高师院校领导人不正确的政绩观而导致过度举债是使我国高师院校发生财务危机的根本原因。

二 高师院校财务危机的分期

各高师院校举债的额度是不同的，但在整个举债扩建中走过的历程大体一致。先是铺摊子，拉开建设的基本框架，在银行的支持下，前期基本上能按工程进度付款，一般不会影响工程进度，因而，刺激了建设方和承建方的建设欲望，加快建设进度，再加码扩建，资金需要量越来越大，由于投资已达到一定的量，银行开始紧缩放款，央行通过数次提高存款准备金率来落实这一措施，而高校建设已经上马，有的还是采取由工程队带资建设，分期付款方式进行的，建筑物已经竣工，工程队等着要钱。而学校收入有限，从总预算中以自筹基建款形式拿出支付银行贷款利息的总额，而且只能到当年的9月份才能实现。同时，国家对一般高校的补贴性拨款是有限的，总额不够一个学校支付员工的工资和学校水电费，教学、科研、图书、仪器设备购置和其他正常运行经费都得靠学校依法自筹，压力很大，无力还本。由于过度建设，工程完工后还有大笔欠款不能支付，工程队组织人员上门催要或诉诸法院；银行紧缩放贷，并且将学校列入减持单位，逐步收回学校贷款，学校只好挤占其他开支，以应对各种支付。因而，导致学校资金调度出现"十个锅，九个盖"、"拆东墙，补西墙"的紧张局面。这种财务危机情况不是陡然发生，突然消失的，而有一个过程。这个过程由五个阶段组成，每个阶段的表征不同，需要认真分析和掌握，以便我们采取应对措施予以破解。

第一阶段，称为高师院校财务危机始发期。其表征是：学校内部资金供给不足，外部大环境对高校举债扩建的负面评价开始影响高校筹资活动，中央银行存款准备金率继续上调，利率也在调升，学校支付利息压力大，筹资非常困难，工程队逼着催要完工工程欠款，导致学校内外出现紧张局面。但国家已经关注高校过度举债而引发的财务危机问题，有可能增加补助性拨款，以帮助高校渡过财务危机。

第二阶段，称为高师院校财务危机高发期。其表征是：学校内部资金供给严重不足，支付利息困难，银行贷款渠道不畅，并且将高校列入贷款减持单位，要求回收贷款。工程队继续上门催债，甚至诉诸法院，封学校银行账户追债，导致人心不稳或其他严重事件的出现。迫使学校压缩其他项目开支，应对财务危机高发期的各种情况。在高发期，国家对高校补助性拨款有可能增长，以增加学校的支付能力。

第三阶段，称为高师院校财务危机维持期。其表征是：经过学校努力斡旋，与多方达成协议，学校继续压缩开支，按计划分批还款，重点继续支付完工工程尾款，结束与工程队的矛盾。同时，以如期如数支付利息的方式稳住银行，并考虑财务危机转型前的准备工作。在此阶段，国家财政补助性拨款标准基本稳定，可以测定本校年度补助性收入。

第四阶段，称为高师院校财务危机转型期。其表征是：经过三年努力地调整，国家补助性拨款增长趋于稳定，学校压缩预算开支的紧张局面也将有所缓解，收入将稳定在一定量上。因基本付清了工程项目欠款，不会引起工程项目欠款诉讼。但高师院校财务危机没有解除，其危机仍然存在。但危机方向发生了转变，由支付工程项目欠款和银行贷款利息的"双重"财务危机而转向偿还商业银行贷款引起的"单向"财务危机将向高师院校袭来。各银行将会要求学校有计划分期分批偿还贷款，不只是停留在付息的阶段上，形成利息照付也还本金的局面，并用合同形式约定下来，作为下一阶段银校维护双方利益的执行依据。

第五阶段，称为高师院校财务危机持续期。其表征是：由于银行将学校列入减持单位，逐年回收贷款，这种偿还时间将是5年、8年、10年或持续的时间更长。由各高师院校贷款量的多少而决定。但债务总量一年比一年减少，财务危机的程度一年比一年减轻，直至财务危机的消除。这一光明前景，将需要持续较长的时间才能实现。

我们通过对高师院校财务危机发生的不同阶段的分析，是为了正确认识它在各个发生期的不同表征，有针对性地采取应对措施来加以解决。

三 高师院校财务危机的破解对策

高师院校财务危机发生后，财务活动不灵，调度资金困难，一派"内紧外急"景象困扰着高师院校财务行政活动。对内没有资金及时支付正常开支，单位或个人出差或办事自己先垫付，因而，许多活动都会受到影响。最为棘手的问题是高师院校每月要按期偿还商业银行的借款利息数百万元，甚至更多。一旦逾期付息就引起银行的上门催债，给高师院校的压力很大。由于工程已经完工，但有巨额欠款未支付，工程队组织民工到高校催要。面对这种情况，应积极采取对策应对，做好稳定工作，保证高师院校的稳定和可持续发展。

（一）做好安抚工程队工作，同时有计划分期付款

工程完工后，因学校资金困难，尚欠大笔工程款未支付，工程队上门催要是必然的。学校面对工程队的催债不要"躲"、"拖"、"糊弄"他们，而应该正面应对，热情接待，多作解释，同时积极筹措资金，按欠款比例安排分期支付。并且说话算数，到时一定如数支付。平时学校应该主动与工程队保持联系，他们需要学校提供欠款金额证明，学校应积极配合，以满足工程队开展正常生产的需要。这一应对措施特别是在高师院校财务危机的始发期、高发期和维持期，尤其是在始发期和高发期应高度重视，做好落实工作。工程队稳定后，有利于学校工作的正常开展。

（二）高师院校内部必须实行新的预算方法，坚持"两保一平衡"原则

我国高校几十年来，办学不计成本，预算实行在原有基数上

"加减"的传统方法。这种静态的预算方法已经完全不能适应目前高师院校高速发展的需要。因此，高师院校全面推行一种与自身发展相适应的新的动态预算与成本核算管理制度势在必行。这种制度要求，在预算时，讲究办学成本，对学校各项目、各单位经费分门别类、逐一按项进行动态核算，要求专门收集数据、确定项目、建立成本预算管理体系、进行科学预算，不搞赤字，实行收支平衡，全面实行动态追踪管理。在财务危机发生的高师院校，应该坚决推行这一新的预算与成本核算管理办法，实行经费与项目挂钩，严格执行"无项目无预算，无预算无经费"的理财制度。同时，坚持"两保一平衡"的原则。即在财务危机发生期应该从学校总收入中确保人员经费、学校正常运行经费的开支，坚持从总收入中自筹利息总额与银行贷款应付利息总额平衡的原则，严防借钱支付利息的冒险行为，形成新的恶性循环，进而引发新的财务危机。对违反"两保一平衡"原则行为，必须坚决遏制。

（三）拓展筹资渠道，做好偿还银行借款的续借工作

高师院校负债达到一定额度时，商业银行再向学校注入1—2年期贷款的可能性不大。但随着贷款的陆续到期，学校财务危机的前三个时期主要应对工程队欠款问题，除了自筹利息支付银行外，很难拿出钱来还银行贷款。只有与银行协商，将到期的贷款转为续借，拖到转型期和持续期偿还，这就需要资金周转。学校应打破向商业银行借款的习惯做法，将筹资重点转向民营银行的短期借款，同时，向地方财政申报借入一定的周转金，对内加大力度催收学生欠费，三管齐下，筹措资金，集中偿还银行到期贷款并续借，全力配合银行，循环操作，共渡难关。到当年9月学校收入实现后，如数偿还民营银行短期借款和从属地财政借入的周转金，以单位信用形成一种长效借款机制，是高师院校化解财务危机的有效途径。

（四）地方财政建立高校负债周转金制度，应急高校师院临时有限借款周转

现行事业单位财务管理制度规定，事业单位收入必须全部进入地方政府财政专户后再拨回使用。高校是事业单位，因而，全部收入都进入属地政府财政专户。但高校收入大部分都只是在当年的9月份才能实现。1—8月份，学校的收入非常有限。一般高校只是依靠财政每年预算核定的补贴性拨款，不能满足学校正常支付的需要。而且，学校还要四处筹措资金支付银行贷款利息。因此，学校在这个时候会出现阶段性困难。如果按照对称性原则建立一种周转金制度，那么，高校的财务困难特别是高师院校的财务困难就能得到较大的缓解。即高校自筹收入全部进属地财政专户，当高校收入出现前述支付困难时，属地财政应借给高校特别是高师院校一定量周转金，让高师院校财务资金能够周转调度，帮助高师院校正常开展教育教学活动，到当年9月收入进入属地财政专户后，财政专户直接从其户头收回所借的周转金。这样做可以充分体现属地政府对高校财务危机困境的高度重视，也可以密切高校与属地政府的关系，形成高校与属地政府共渡高校财务危机的新机制，从而促进高等教育的可持续发展。湖北省黄石市财政局在这方面做得很出色，他们积极借给属地高校的周转金，极大地缓解了属地高校的财务危机，特别是缓解了高师院校的财务危机，为高师院校校的稳定作出了贡献。

（五）期盼国家加大对高等教育的投入，帮助高师院校逐步消化负债

许多文章观点主张国家为高校举债"埋单"。理由是：高等教育由国家举办，由于国家投入不足，高校为谋求生存，只好举债发展。因而，在处理高校负债问题上应采取与处理企业负债一样的办

法，全部由国家"埋单"这种观点既不正确，又会误导人们产生错误的思想，有必要澄清。

高校举债如果全部由国家"埋单"，将会导致三个问题：一是违背公平原则。对一些没有向银行举债的学校或举债较少的学校，国家就不能给它们"埋单"或"埋单"较少，而那些过度举债的高校将得到国家全部"埋单"，皆大欢喜。如果这样做，显然有失公平！二是如果高校举债全部由国家"埋单"，那么，就更会滋长一些高校领导者错误政绩思想的蔓延，他们将在新一轮建设中，更加不顾资金的有限性，高标准、高规格、高水平来扩建各自的学校，势必到处筹款来实现目标，反正所借的钱到时候全部由国家"埋单"。这将又会导致高校出现新一轮的财务危机，引起高校债务恶性循环。国家会这样做吗？三是高校举债全部由国家"埋单"，那将会导致纳税人的不满。因为，高校扩建的建筑物或其他设施并非都是教育教学必须的设施，而有些是"面子工程"导致的闲置设施。这些闲置设施的建设费用难道要纳税人承担吗？所以，作者以为，高校举债完全由国家"埋单"的观点是错误的。如果我们不予以澄清，它将误导一些高校领导者的认识，继续举债搞跨越式的"发展"，在现有负债的基础上第二次高额举债，给高校特别是高师院校带来新的财务危机。所以，我们以为，期盼国家增加对高等教育的投入，特别是对高等师范教育的投入，帮助高师院校逐步消化负债，而不是全部"埋单"，是有希望的，也是可行的。在整个财务危机中，高师院校始终是负债的主体，与借钱还债脱不了干系。事实上是这样，空想是不现实的。国家增加对高等教育的投入还是有可能的。中国职业技术协会副秘书长谢幼琅介绍：2000—2003年中国国家财政性教育经费占 GDP 的比例由 2.9% 上升为 3.1%，而世界平均水平为 4.9%，欠发达国家平均水平也达 4%。中国 GDP

年年增长，增速甚至是世界第一，但中国财政性教育经费占 GDP 的比例不仅明显低于发达国家的水平，在发展中国家也属于偏低水平，① 更没有达到《中国教育改革和发展纲要》中提出的"逐步提高国家财政性教育经费支出占国民生产总值的比例，到 20 世纪末达到 4%"②。由于没有一个切实可行的实施方案，在执行中又缺乏监督机制的约束，近几年这一比例不但没有实现，反而有下滑趋势。《21 世纪教育振兴行动计划》也要求省级政府增加对教育投入经费的力度，但由于缺乏制度保障，至今也未落实这一计划。③ 因此，各级政府增加对高等教育的投入，逐步增加高师院校的支付能力，帮助高师院校消化负债，从而走出财务危机的困境。而不是想当然地在很短的时间里由国家将高校的负债全部"埋单"。这样既体现了国家办教育的精神，也体现了"谁借钱谁还钱"和"谁收益谁承担风险"的原则。

鉴于以上所述，高师院校财务危机在不同时期有不同的表征，掌握这些特点，有利于我们采取破解策略。但在破解策略上应采取保证重点与综合运用上述方法结合进行。在始发期、高发期和维持期重点在稳定工程队和做好有计划偿还银行借款的续借工作；在转型期和持续期重点做好银行借款的续借和有计划地分期偿还本金的工作；在整个高师院校财务危机的每个阶段都应综合做好自筹利息如数如期支付、民营银行短期借款和财政周转金的再借工作。争取财政的投入，增加高校的支付能力，维护高校的基本稳定，逐步消除高师院校财务危机，从而使高师院校处于正常运行状态，步入可

---

① 姜毅、高凤岩：《高等学校负债办学的风险防范》，《东北财经大学学报》2006 年第 1 期。

② 陈孝彬：《教育管理学》，北京师范大学出版社 1999 年版，第 248 页。

③ 姜毅、高凤岩：《高等学校负债办学的风险防范》，《东北财经大学学报》2006 年第 1 期。

持续发展的轨道。

第三节　高师院校可持续发展投资新模式①

　　师范教育是培养师资的教育，它由高师院校来完成。由于高师院校师的范性质决定了它的特殊性，在筹措办学资金上缺乏市场化竞争，因而应弱化市场竞争，建立可持续发展投资新模式，为高师院校提供资金保证，实现高师院校可持续发展。

　　师范教育是整个教育事业的基础。过去，我国实行的是三级师范教育模式，即中等师范、专科师范和本科师范教育。三级师范教育的分工是：中师为小学培养合格教师，专科为初中培养合格教师，本科为高中培养合格的教师外，部分特别优秀者进入大学当教师。随着教育改革的不断深入，我国政府也提高了不同层次学校教师的学历要求。规定小学教师也要专科毕业，因此，在我国20世纪90年代后期中等师范教育基本消逝了，从而使我国三级师范教育成为专科和本科二级师范教育。但它的任务并未改变，仍然是培养普通中小学师资和其他中等专业技术学校的一般文化课师资，同时，也为高校提供部分专业教师。因此，有人将师范教育比作整个教育的"工作母机"。它的持续发展关系到国家整个教育的基础，民族的命运，社会的进步，科技的发展。无论在我国，还是在国外或者其他地区都将其摆在重要位置上。现阶段，我国师范教育是培养忠于社会主义事业的一代新人，具有坚定正确的政治方向，能适应社会主义市场经济发展的各级各类学校的合格教师。国家将教师列入

---

　　① 柳清秀、崔波：《论构建高师院校可持续发展投资新模式》，《教师教育研究》2004年第3期。

干部或公务员。陶行知先生早年指出，师范教育涉及千家万户，关系到全体国民素质的提高，它在整个教育体系中处于极其重要的地位。① 法国师范教育从建立至今，都强调公立性，坚持培养青年共和主义者。德国师范生从入学起就享受国家公务员待遇，教师是国家公务员。中国台湾地区对师范教育控制很严，给师范生的待遇是比较优厚的，师范教育被视为"精神国防"②。由此可以看到师范教育的重要性。

在我国，自1897年2月盛宣怀在上海创办南洋公学特设"师范院"迄今，师范教育也是国家统一设置的。民国时期还明确规定，师范教育机构均由政府办理，私人不得设立；师范生一律免缴学费、膳食费和其他费用，师范教师的薪俸也比照当地公立中学教师的待遇提高25%。这些规定，虽未完全实施，但其合理性是值得肯定的。新中国成立后，师范教育机构独立设置，一律由国家兴办，师范生享受公费，上学不仅不收任何费用，而且还提供相当数量的助学金、奖学金补贴给学生作为学习期间的各种费用。学生毕业后，由国家统一指令派遣分配工作，保证人人有工作单位和上岗。这对我国教育事业的发展起到了极大保障和促进作用。③ 新中国这种由国家包揽投资的师范教育是基于这样三个条件：一是国家计划控制高等教育的发展；二是国家限制受高等教育的人数；三是密集型劳动生产，科技含量低。在这三个条件同时满足的情况下，可以由国家全部承担高等师范教育的投资。但如果长期下去，终会因投资不足，受高等教育的人有限，不适应社会经济的快速发展，反而

---

① 王泽普：《中国师范教育改革与发展研究》，广西师范大学出版社2001年版，第32页。

② 同上。

③ 同上书，第52页。

导致束缚生产力的发展，影响社会进步。国家已看到单一投资的弊端，从 20 世纪 80 年代末开始改革。1989 年国家教委报请国务院批准的《关于高等学校毕业分配制度的报告》中首次提出学生上学除特殊规定外，一般要缴纳学杂费。实际上只是收取住宿费，而且，当时学生还有很大意见。但它标志着我国缴费上学制度正式出台。1989 年 8 月国家物价局、财政部联合发出《关于普通高等学校收取学杂费和住宿费的规定》，规定从 1989 年度开始，对新入学的本、专科学生(包括干部专修科和第二学士学位的学生)实行收取学杂费制度。所收金额极其有限。直到 1994 年开始逐步推行全部(除特殊专业外)收费上学制度，1997 年全国高校实现并轨收费，结束了我国免费上学的历史。从此，大学学费已成为高校经费的重要组成部分。1999 年大学学费全国生均达 2769 元，占生均经费的 23.4%。[①]目前，大学学生所缴学费已占其培养成本的 1/4。[②]

实行收费上学，向受教育者及家庭转移部分教育成本，打破了国家包揽师范教育投资的壁垒。但实行缴费上学在实践中遇到了挑战。受教育者及家庭承担的部分教育成本不能及时到位，严重影响了高师院校教育、教学工作的正常开展。因而，需要深入探讨，综合分析，构建高师院校可持续发展投资新模式。

一　国家重点扶持，明确政府拨款为主

高等师范教育在我国从诞生到 20 世纪 80 年代末均由国家提供经费，学生免费上学，历经 100 多年。这种投资模式，一方面有效促进了我国高等师范教育的可持续发展；另一方面由于国家财力有

---

① 吴志宏、冯大鸣、周嘉方：《新编教育管理学》，华东师范大学出版社 2000 年版，第 340 页。

② 王善迈：《论高等学校的学费》，《北京师范大学学报(社科版)》2000 年第 6 期。

限，投资不足，也严重影响了我国高等教育事业的发展。应该对其进行改革，改由国家单一包揽投资为多种投资。但不能弱化国家投资。这一点必须明确，高师院校从事的师范教育是整个教育的"工作母机"，国家应该根据高师院校的特点和性质，对其重点扶持，弱化高师院校的市场化竞争，因为，高师院校的师范性质决定了它的竞争劣势。政府应担起投资的主要责任，成为投资的主体，从历史上单一包揽投资而转为以政府投资为主，这已经减轻了政府的负担，转嫁了部分教育成本。政府投资为主，其实质性的行动应将高师院校学生的拨款标准提到高于其他类型大学学生标准，或提高到足以使高师院校能正常运转的标准。实际上，各地政府对高师院校学生的拨款标准往往低于其他类型高校学生的标准（国家直属师范大学除外）。收费标准也低于其他类型高校学生的标准。"两头低"的情况，使高师院校在财务上显得特别拮据。因而，要促进高等师范教育的持续发展，我们应强调国家重点扶持，明确政府投资为主是基于以下理由：一是我国教育经费在国内生产总值（GDP）所占比例太低，远低于世界发展中国家教育经费占国民生产总值（GNP）的4.1%，发达国家的5.1%的比例。[1] 我国《教育法》规定国家财政性教育经费支出占国民生产总值的比例应当随着国民经济的发展和财政收入的增长逐步提高，到20世纪末达到4%。可是，1999年财政性教育经费支出才达到国内生产总值的2.79%，[2] 2000年才达到国内生产总值的2.87%，比上年增加0.08个百分比。[3] 而且计算口径是以国内生产总值为比率，与《教育法》规定的计算口径和世界通行

---

① 陈孝彬：《教育管理学》，北京师范大学出版社1999年版，第267页。

② 朱国仁：《构建新经济时代的中国高等教育》，南京师范大学出版社2001年版，第262页。

③ 教育部、国家统计局、财政部：《关于2000年全国教育经费执行情况统计公告》。

的国民生产总值的计算口径不一致。因此，与《教育法》的规定相距甚远。国家应依法加大力度对教育的投资，特别是对高师院校的投资。二是尽管高等教育重视政府以外的高等教育投资，努力提高非政府投入在高等教育实际经费中的比例，但是，从国外普遍情况来看，各级政府的投入仍然是主要的并占其中大部分。[①] 高师院校由于师范性质决定了它的特殊性，政府以外的高等教育投资除收取学费外，受到严重限制。三是就我国现实而言，高等教育规模占整个高等教育（学历教育）规模的 99.5%。这种高等教育的现状也决定了我国政府在保证高等教育发展中应承担的义务。所以，无论我国高等教育体制如何改革，都不能成为弱化政府投资主渠道地位的理由。[②] 高师院校所从事的高等师范教育在发展整个教育中占有重要地位，也要求政府加大对高师院校的投资，这关系到整个国民素质的提高，民族的长远发展，从而增进综合国力提高的战略问题。因而，国家应该重点扶持高师院校，明确以政府投资为主，并加大对高师院校的投资力度。

二 合理确定教育价格，学生及家庭适度分担教育成本

教育，特别是高层次的教育，会给受教育者带来各种经济和非经济的收益，这不仅涉及受教育者本人受惠，主要通过改变受教育者本人的生存环境和条件来实现，而且也惠及涉及他们的家人和后代。在中国由于经济不够发达，高层次教育不能满足适龄青年的需要，接受高层次教育只能是通过竞争方式才能实现。这实际是一种投资选择接受教育服务的行为。因此，它涉及合理确定教育价格问

---

① 朱国仁：《构建新经济时代的中国高等教育》，南京师范大学出版社 2001 年版，第 262 页。

② 同上。

题。在我国对教育定价，历来是采取政府单边定价方式确定的。定价依据有三个：一是理论依据。由于高等教育主要是使个人收益，按照"谁收益谁投资"的原则，高等教育费用应该主要由个人及其家庭承担。[①] 二是国民收入分配向个人倾斜。20 世纪 80 年代以来，我国国民收入分配发生了巨大变化，国家财政收入逐年下降，集体和个人收入所占比例不断上升，居民个人收入份额由 1980 年的 47.53% 上升到 1990 年的 68.53%，20 年上升幅度达到 21 个百分点，占国民收入总值的 2/3 以上。[②] 三是多元收入增强了个人对教育的支付力。我国改革开放 20 多年来，形成了多种所有制经济成分并存与长期共同发展的新格局，彻底打破了传统的单一收入模式，使人们的收入日趋多样化，极大地增加了人们对教育的支付能力。因此，我国政府决定接受高等教育者应缴费上学。但缴费价格是由政府单边确定的，并未实行"听证"，受教育者只能按照政府的规定支付，不管教育价格昂贵与否。在缴费实践中，许多学生又不能按时足额缴纳法定学费，导致学生普遍欠费。湖北师范学院截至 2003 年 9 月中旬学生欠费高达 2000 多万元；湖北孝感学院学生欠费 1500 余万元；湖北黄冈师范学院学生欠费达 1700 多万元；湖北咸宁学院、湖北襄阳学院均在 1300 万元以上。由于学生欠费数额巨大，使学院当年预算收入不能兑现，严重影响了学院各项工作的顺利进行。欠费学生普遍反映，学费价格太高，难以承受。因此，在确定教育价格中，应采取听证会形式征求公众意见，增加教育定价的透明度。同时，高师院校应加大力度宣传接受高等教育既是法律赋予大学生的权利，按时足额缴纳学费也是大学生的应尽义务。与

---

① 李福华：《论高等教育者收益制度下的几对关系》，《高等师范教育研究》2003 年第 2 期。

② 陈培瑞：《教育大视野》，青岛海洋大学出版社 1999 年版，第 73 页。

此同时，要培养学生缴纳学费的意识，维护高师院校的合法权益，使高师院校可持续发展。

三　建立学生个人信用系统，政府委托商业银行实施助学贷款

我国政府三令五申，要求商业银行向大学生提供助学贷款。实践中，除了名校所在地的大城市商业银行能给所在地高校部分贷款外，在一般地区、市的高校要求商业银行助学贷款是很困难的。主要原因有三个：一是中国高校学生没有建立个人信用系统，来自五湖四海，在市场经济条件下，毕业后实行双向选择，就业于四面八方，无固定的工作单位。这给助学贷款的银行在回收贷款时带来了较大的困难，增加了商业银行的放贷风险。二是政府并未给商业银行提供制度保证，而是要求商业银行自己提供贷款资金，向学生助学贷款，风险全由银行承担。因而激发不了商业银行的积极性。三是商业银行在向大学生实施助学贷款的过程中，不仅风险大，弄不好连本息收不回来，反而，还要投入大量的人力和物力耗费。因此，商业银行在行动上采取谨慎原则，许多银行按兵不动，有钱不敢放，急需助学贷款的学生又贷不到钱，导致高校学生欠款的额度越来越大，已影响到高师院校工作的正常开展。面对这一棘手问题，我们应该设想解决方案：国家应大力宣传中华美德，激发大学生的道德情操，树立诚信为本的观念，从而加快大学生信用系统的建立，为商业银行助学贷款提供详细资料，促进商业银行助学贷款的快速推进。同时还应建立大学生就业跟踪系统，为商业银行定期提供就业后的信息资料，以便商业银行了解掌握助学贷款学生的去向，回收助学贷款。从世界助学贷款的发放与管理模式看，主要有两种形式：一是由政府部门的有关专门管理机构向学生发放贷款。日本、丹麦、挪威等国家采用的是这一形式。日本通过"育英会"、

丹麦通过"学生借款银行"、挪威通过"国家学生贷款公共有限公司"向大学生发放助学贷款,管理权在政府。二是由商业银行向学生提供助学贷款,政府提供担保或利息优惠。美国采用的是这一形式,管理权在商业银行。政府部门的有关专门机构向学生发放贷款,必须建立一个全国性的庞大的贷款管理机构,不仅要付出一大笔管理费用,而且使教育系统的行政管理变得更加复杂,其运行效率也会受到很大影响。而商业银行向学生发放助学贷款,就可以利用原有资源进行贷款与管理,正好避免了政府贷款的弊端。[①] 因此,我国政府在此基础上应形成自己特有的一种助学贷款形式。以实现政府教育定价、使学生及家庭适度分担部分教育成本的模式。这种形式是:对一般大学生(除师范生外),国家向商业银行提供担保和利息优惠,并支付一定的管理费用,减少商业银行助学贷款的风险,调动商业银行助学贷款的积极性,放宽助学贷款条件,使多数学生可以得到助学贷款,从而减少学生欠费的额度。在中国,对师范生的贷款除上述优惠条件外,还应采取非常措施,由中央银行拨出一定数量资金给商业银行向学生贷款,从而实现国家重点扶持高师院校的目的。因此,助学贷款也成为高师院校学生依规定筹措缴纳学费的重要渠道,是实现高师院校可持续发展的重要举措。

四 用人单位改变传统的用工习惯,积极推进"先付款后消费"的新理念

传统的用工习惯,一般是人才培养单位提供可供人才以后用人单位再接受使用。计划经济时代的表现形式是对可供人才进行指令性分配。市场经济时代的现阶段,其形式表现为人才进入市场时才

---

① 靳希斌:《市场经济大潮下的教育改革》,广东教育出版社 1998 年版,第 380 页。

成为可供对象，供用人单位选用。大家知道，人才从培养到成为可供人才需要有一个较长的周期，大学一般4—5年，研究生、博士生一般为3年。如果从本科到硕士、博士连读，那么，需要的时间更长。在这漫长的受教育过程中，其成本完全由国家或学生个人及其家庭负担，那实在是太重了。而用人单位要到教育"产品"出来后才付款"享受"。在企业就不一样，企业为了得到另一企业的产品，在产品没有生产出来之前，它可以提前支付一定的预付款，提前订购所需产品。这样可以减轻生产厂家流动资金的压力，从而加速生产，满足社会需要。这种购销形式，对生产产品的企业来说，是一种透支消费行为，即在发货之前就接受了消费者的钱。但它是一种建立在诚信基础上的消费行为，一定要按时向购方发货。对购方来说，是在预测产品需求量的基础上而采取的一种经营消费行为，对生产企业高度信任，在没有得到产品之前，就支付了部分货款。商品经济就是建立在这样一种诚信基础上进行运行的。教育也应采取"先付款后消费"的办法，可以称为"人才使用预付定金"。实践中，鼓励用人单位根据自己的测算，确定近3年需要的人才，到大学提前物色对象，签订合同，向合同对象每年支付一定的预订金以供合同对象作为学费或学习期间的急需费用，学生毕业后再到合同单位就业，用自己的报酬逐步偿还企业的"人才使用预付定金"。这种用人方式更适合高师院校学生。理由是：高师院校主要培养教师，教师职业具有相对的稳定性和就业的指向性，毕业后一般到学校当教师。而用人学校根据自己的情况，也可以有效预测近几年所需的教师，从而有计划地做到"先付款后消费"。双方在契约中明确各自的权利和义务，如果在高等教育系统，特别是在高师院校中推行这一新的用人形式，将会大大缓解高师院校学生的欠款情况，给高师院校可持续发展带来新的契机。在实行这一新的用人方式时，国家应提供充分的法律、制度保证，从而促进这一新的用人方式的顺利进行。

五 打破传统观念，创建民办二级学院

目前，在我国许多高校都在实行学院制，按照学科门类将学校分成若干个学院。这是学校进行内部管理改革的一种措施，由于其自身的办学形式、隶属关系等都是与学校本部相一致的，因此，从管理上说，二级学院只是学校内部的一个管理层次。它增加了学校内部的管理层，减少了学校内部的管理幅度，有利于较大学校进行有效的内部管理。而民办二级学院从性质上讲，它是指依托学校本部、又借助社会力量而形成的二级学院。它是在现有高校内部，分流出部分资源，与社会力量进行组合，创办不同于现有学校管理模式的二级学院或附属学院，或者将现有民办学院合并到学校内部，形成"一校两制"的民办学院和管理模式。① 这种办学形式有利于培养高等教育新的增长点，能较好地实现现有高校资源的合理分流，有效吸收社会资金，扩大教育的供给，较好地满足公民对高等教育的需要。② 特别是高师院校，办学经费困难，创收渠道较窄，创办民办二级学院可以实施教育成本收费，国家规定每生每年1.3万元，是当前省属师范院校生均拨款的3.5倍和收费的4.2倍左右；是部属师范院校生均拨款的2倍和收费的3倍左右。这种民办二级学院的诞生，开辟了新的筹措资金的渠道，给高师院校注如入了新的活力。高师院校应集中自己的优势，为受教育者提供优质服务，从而促进民办二级学院健康发展，增强学校本部持续发展的后劲。

---

① 房剑森：《高等教育发展论》，广西师范大学出版社2001年版，第171页。
② 同上。

六　建立各种教育基金会，争取广泛的社会捐赠

在我国高等学校办学经费中，教育基金与社会捐赠所占比例还比较少，特别是高师院校，由于其培养的人才主要是从事教育教学工作，能够给母校提供巨额经费支持的不多。但高师院校不要放弃这条筹措资金渠道的开发和拓宽，并且应该借鉴美国名校哈佛大学的经验，成立专门机构，组成专项班子，配备专业人员，对历届毕业生进行全球跟踪管理，掌握毕业生的就业、跳槽、任职、退休等情况，与毕业生保持密切联系，向他们通报母校的发展情况，希望他们支持母校建设，回报母校的培养，甚至通过毕业生的宣传和影响，吸收国内外社会各界对高师院校的广泛支持。这项工作要常抓不懈，有计划地建立各种教育基金会，与社会各界保持联系，特别是与校友保持着联系，争取广泛的社会捐赠。它既是高师院校筹措资金的渠道之一，也是高师院校可持续发展投资新模式的重要组成部分。

综上所述，高师院校可持续发展必须建立投资新模式，它可以表述为：国家重点扶持，明确政府投资为主；合理确定教育价格，学生及其家庭适度分担教育成本；建立学生个人信用系统，政府委托商业银行助学贷款；用人单位打破传统的用工方式，积极推进"先付款后消费"的新理念；学校打破传统的观念，创建民办二级学院；拓宽筹资渠道，建立各种教育基金会，争取广泛的社会捐赠。从而为高师院校提供经费保证，实现高师院校可持续发展。

第五章

高师院校可持续发展师资培养策略

　　高师院校是我国培养教师的教育机构。但长期以来，高师院校传统培养教师的教育理论课程的开设是比较窄的，一般只开设教育学和心理学两门课程，没有体现师范性。为了适应培养新型教师的需要，应打破"老两门"的旧局面，增加教育理论课程，拓展教学内容，重构高师院校培养教师的教育理论课程板块，充分体现师范特色。改革高师院校培养师资的模式，扩大高师院校培养师资的范围，不仅要培养合格的中小学教师，而且也要培养合格的职业技术教育的师资，使高师院校真正发挥"工作母机"的作用，从而促进高师院校可持续发展。

第一节　高师院校可持续发展师资
理论课程的重构①

　　世界各国都高度重视高等师范教育。无论哪个国家都是将其作

---

　　①　柳清秀：《高师院校培养教师教育理论课程重构初探》，《教育与职业》2005 年第 2 期。

为高等教育的重要组成部分，而且在师范院校就读的学生都占各国在校学生相当一部分。从授予学位的人数中可以体现出来。美国授予学士学位数最多的前 10 个学科中处于一、二、三位的 3 个学科是工商管理、社会学和教育；在授予硕士学位数最多的前 10 个学科中处于一、二、三位的 3 个学科是教育（占当年全部授予学位数的26%）、工商管理和工程；授予博士学位数最多的前 10 个学科中处于一、二、三位的 3 个学科是教育（占当年全部授予学位数的21%）、物理和工程。美国高等学校获得教育学士学位、硕士学位和博士学位毕业生数量，在相当长的一个时期内都是美国高等学校各类专业获得同类学位学生数中最多的，这说明高等师范教育在美国高等教育中的重要地位。① 法国一直保持完整的师范教育体系，并把教师纳入国家公务员行列，也说明师范教育在法国的重要性。第二次世界大战以前，苏联的师范院校的数量几乎占其全部高等院校的一半。第二次世界大战以后，师范院校的数量有所减少，但是在师范院校就读的学生数量一直保持增加趋势，这也说明苏联对高等师范教育的重视。② 我国为贯彻科教兴国战略，加快教育和科技事业发展，适应社会和经济的发展需要，采取超常发展的重大举措，大力发展高等教育，使我国高等教育规模不断扩大。招生人数由 1998 年的 108 万人增长到 2003 年的 335 万人，高等教育毛入学率由 1998 的 9.8% 提高到 2003 年的 15%，跨入了国际公认的高等教育大众化阶段。③ 2009 年国家宣布当年招收各类大学生人数 625万人，比 2003 年增加 290 万人。以此类推，我国高等教育大众化的

① 于富增：《国际高等教育发展与改革比较》，北京师范大学出版社 1999 年版，第31 页。
② 同上书，第 425 页。
③ 陈南飞：《高校扩招面临的问题和对策》，《中国教育教学》2004 年第 78 期。

程度约为27%。国家连年扩招的举措满足了广大人民群众对高等教育的强烈要求。高师院校在高等教育大众化的进程中，同样蓬勃发展。经统计，截至2002年全国共有师范类院校183所、教育学院34所、非师范类院校258所参加了师范类招生。2002年全国有140.2万名师范类普通本专科在校生，其中师范类院校学生占70%，教育学院学生占2.6%，其他院校类学生占27.4%。① 所以，一个国家师范教育的发展是否顺利，是否能为国家培养大量的高质量的教师，直接关系到一个国家教育事业的可持续发展。因此，高等师范教育在各国的高等教育发展中占据重要地位。② 我国高等师范教育是由高师院校来承担的，它经历了几十年长足的发展，为社会主义教育培养了大量的合格的师资，从而推动了我国教育事业的发展。但应看到，我国高师院校传统培养教师方面还存在着一些问题，主要表现是重专业理论课程的教学，教师认真讲，学生埋头记。形成上课记笔记，下课背笔记的教学模式。教师在教学中，忽视对高师生实践技能的培养与训练，设置课程缺乏师范性，教育理论课程开得太少，使高师生教育理论功底薄弱，实践能力较差等。因此，要革除这些弊端，重构高师院校培养教师的教育理论课程体系，就要构建新的高师院校可持续发展师资培养的理论课程板块，用以指导高师院校培养新型教师的正确实践。

一 高师院校传统培养教师的教育理论课程开设现状

我国高等师范教育长期存在着学术性和师范性之争，因此，在课程设置上存在着不同的看法。一是主张学术性和专业性要强一

---

① 董洪亮：《二百五十八所非师范院校培养师范生》，《人民日报》2003年12月25日，第11版。
② 段鸿、张兴：《德育与班主任》，上海教育出版社2001年版，第2页。

些，学术性是通过专业课程的设置体现的，所以，专业课程要多，专业课学时应居首位。二是强调师范特色，认为专业课程的开设要体现师范性，适当多开一点教育理论课程。这两种观点长期争论不休。实践中，第一种观点占优势，以牺牲教育理论课程开设为代价，偏向第一种观点，重专业理论课程的设置和传授，轻教育理论课程的开设和教学。因此，我国高师院校到目前普遍只开设教育学和心理学两门教育理论课程，共计 108 个学时，占学校教学计划的 2700 个总学时的4%，而且，内容比较陈旧、落后，有的泛于理论，不切实际；有的局限于经验主义，缺乏理论高度。这一现状必须改变，才能加强师范教育的适应性，[①] 适应国家对高师院校培养新型教师的要求。

江泽民同志在第三次全国教育工作会议上指出：教育是知识创新、传播和应用的主要基地，也是培养创新精神和创新人才的摇篮。我们各级各类教育机构，我们的全体教育工作者，对增强包括民族凝聚力在内的综合国力，承担着庄严的职责。这是党中央对学校和教师提出的殷切期望和光荣职责，也是时代赋予的崇高的历史使命。要培养学生有创新精神，教师必须有创新精神，创造能力。"学校要以育人为中心，教学为主体，科研为先导"，每个教师都应从事科研工作，提高学术水准，不直接从事科研活动的教师不可能有创造力，也很难提高教学水平和教学效果。一所大学如果学术氛围不浓，学术水平不高，也就不可能有很高的教学水平和教学质量，但是，高等师范院校的主要任务是培养中学教师，因此学术不能与师范性脱离和对立，而要服务于师范性，即培养出来的人才必须是胜任素质教育的、有创新精神和实践能力的中学教师。江泽民

---

① 柳清秀：《高师院校培养教师理论课程重构初探》，《教育与职业》2005 年第 2 期。

同志的这段话，明确阐释了新型教师的规格，概括地说，表现在以下五个方面：

一是教师要有创新精神，创造能力。要有创新精神，创造能力就是要有专业知识，只有掌握了专业知识，在其诱发下，才能有创新精神，创造能力。因此，教师要掌握好专业知识。在传统培养教师的教育中这一点做得很好，在培养新型教师的教育中仍然是重头戏。但不能只是局限于专业知识，而应该拓展。

二是以育人为中心。这既是学校的根本任务，更是教师的崇高职责。归根到底是通过教师对知识的传授，高尚品德的熏陶，正确行为的影响，才能实现对人的培养，即教书育人。教书育人是教师职业的根本，它不仅仅是传承科学文化知识，用知识去武装学生，开发学生智力，更重要的是教育学生怎样做人，怎样做好人。所以，教书育人是教师职业的宗旨。

三是进行科学研究。江泽民同志在讲话中向每个教师提出了进行科研，提高学术水平的号召。明确指出"不直接从事科研活动的教师不可能有创造力，也很难提高教学水平和教学效果"，因为只有进行科研，才能激发人产生创新精神，具有创造力，摆脱"教书匠"的惯性，实现从"教书匠"到科研型教师的跨越。

四是必须胜任素质教育。这就要求高师院校培养教师时应处理好学术性和师范性的关系，强调学术性不能与师范性脱离和对立，应服务于师范性。因而，在课程设置时，要全面考虑高师院校学生综合素质的培养和教师职业的特点，既要考虑专业课程，又要考虑师范性，注意教师职业技能理论课程的开设与讲授。从而促进高师院校学生综合素质的提高，进而适应素质教育的需要。这是江泽民同志十分关注的。

五是具有实践能力。对高师院校来说，在其教育教学活动中必须考虑理论与实践相结合。在重视专业理论课程教学的同时，还应加强与教师职业技能紧密联系的知识的传授与训练，从而培养未来教师的实践能力。

要实现江泽民同志对新型教师的培养，必须重构高师院校培养教师的教育理论课程。因为高师院校传统培养教师的教育理论课程不能适应江泽民同志提出的培养新型教师的要求，我们应根据高师院校培养教师的教育理论课程的分类进行重新构建。

二　高师院校培养教师的教育理论课程分类

教育理论课程的开设是高师院校师范性的重要**体现**，也是为培养高师院校学生适应素质教育需要的重要内容。针对目前我国高师院校传统培养教师的教育理论课程开得太少的现状，我们从理论上来概括几种类型，对其进行分类，为下面重新构建高师院校教师的教育理论课程提供参考。

第一类是教育基础理论课程。这类课程主要使学生较为系统地掌握教育学、心理学的基本知识，为其进一步学习其他教育理论课程打好基础。教育基础理论课程教材的使用，要特别注意内容的更新与精选，努力避免传统教育对其的影响。

第二类是与专业紧密联系的学科教育理论课程。这类课程与学生所学专业紧密联系，为其从事教育教学提供理论指导。比如，专业教育学、专业心理学、专业教学法等，使高师生在一般教育理论的指导下，有效地与本专业的教育教学结合起来，从而巩固教师职业地位。

第三类是教育技能理论课程。这类课程主要使学生掌握从事教师工作，进行教育教学所必备的技能和技术。它既是一种理论，同时具用较强的实践性。如班级教育管理学，中小学生心理辅导和教育科研方法等。其目的是为教师提供职业理论支撑和技术手段，培养训练高师生的实践能力。

第四类是教育理论提高课程。这类课程主要是使学生掌握现代教育的发展趋势，国内外教育的发展差异，并从中吸取经验和教训，用以指导我国的教育行为。一般由教师开出书目，学生通过自学完成。

通过上述对高师院校教师的教育理论课程的初步分类，可以看出目前高师院校传统培养教师的教育理论课程的开设存在的过窄问题，没有体现出师范性，也忽视了对高师院校学生实践能力的培养与训练，它不能适应江泽民同志对高师院校培养新型教师提出的要求。因而，应该重新构建高师院校培养教师的教育理论课程，适应高师院校培养新型教师的需要。

三　高师院校培养教师的教育理论课程的重构

通过以上分析，高师院校必须在加强专业理论课程教学的同时，也要加强教育理论课程的教学，把高师院校学生培养成为掌握宽厚的专业知识，具有丰富的教育科学理论，懂得教育教学规律，有效当好班主任，了解学生身心健康和进行教育科学研究以及具有实践能力的合格教师。因此，教育理论课程是每个教师必备的知识，是支撑教师职业的根本。在此思想指导下，我们重新构建高师院校培养教师的教育理论课程就有了明确的方向。

高师院校至今还开设教育学和心理学两门教育理论方面的课程，对高师院校学生进行教育，传授一般教育理论和一般心理方面的知识，为高师院校学生提供教育理论指导，这是十分必要的，但科目偏少，内容过窄，限制了高师院校学生对教育理论的进一步掌握，也没有为高师院校学生在今后工作中进行终身学习提供较为宽厚的教育理论基础，因此，应该适当增加科目，拓宽内容，调整教学计划，适应高师院校培养新型教师的要求，重新构建高师院校培养教师的教育理论课程。重构仍保持原来"老两门"，即教育学和心理学。增开班级教育管理学、中小学生心理辅导和教育科研方法，同时加强专业教学法和现代教育技术学理论的教学。

高师院校培养教师的教育理论课程的重构，由原来的"老两门"教育理论课程调增到五门，构成新的教育理论课程板块，以适应高师院校培养新型教师的需要。各门教育理论课程讲授的内容分工如下：

《教育学》主要讲授教育的产生和发展规律、基本概念、一般原理、教育的实质、教育与人的发展、教育与社会发展、教育教学活动的基本特点、教育实践中的基本问题以及德育原理、教师修养和学生主体等理论问题。让高师生掌握教育教学活动的实质和一般原理、原则与规律，增强按教育教学规律办事的意识和能力。

《心理学》主要讲授心理过程、心理状态和个性心理、自我意识等一般心理活动，以及品德心理、学习心理、教学心理、心理卫生等一般现象及其规律。为高师生将来从事教育教学提供基本的心理学知识、原理和策略准备，培养他们适应教育教学工作的能力。

《班级教育管理学》主要阐述以班级为研究对象，用新的视角探讨中小学的班级组建、创造性地开展活动、培养中小学生个性全面和谐发展、学会学习、学会与人正确交往、处理各种人际关系和提高社会实践能力以及推进班级发展与形成班集体、增强凝聚力以实现班级教育管理目标的一般理论及其方法，从而培养高师生从事班级教育管理，当好班主任的实践能力。

《中小学生心理辅导》主要讲授中小学生心理和学校心理辅导的基本理论、基本知识、有关中小学生心理发展的特点、生活中容易发生问题的心理现象和规律以及相应的辅导措施。为高师院校学生提供解决中小学生心理障碍的理论和方法，及时缓解调适我国中小学生的心理问题，从而保证中小学生有良好的心理环境，正常地坚持学习，完成学业。

《教育科研方法》主要讲授按照教育科研的进程，从教育科研的准备阶段、实施阶段、总结阶段，全面介绍各种教育科研方法，使高师生对教育科研方法有一个系统的理性认识，从而培养高师生的科研兴趣、树立正确的科研意识，训练高师生严密的科研思维与严谨的态度，提高高师生扎实的科研能力，使高师生在大学期间接受系统的科研锻炼与熏陶，打好科研型教师的基础，在传承科学文化的同时，自觉开展对教育问题和现象进行研究，从中概括出理性认识，形成理论，指导实践，从而改变中小学教师科研落后的现状，进而促进素质教育的健康发展。

在此同时，加强专业教学法和现代教育技术学理论课程的教学也是高师院校在培养教师中不可忽视的。

高师院校培养教师的教育理论课程的重构，不是人为地加上几门教育类的课程就成为新板块，而是根据培养新型教师和需要设计的。它具有以下三个明显的特点。

1. 打破原有格局，拓宽了教学内容

高师院校培养教师的教育理论课程重构新板块，由教育学、心理学、班级教育管理学、中小学生心理辅导和教育科研方法组成，打破了原来高师院校传统培养教师只开设教育学和心理学两门课程的格局，拓宽了高师院校培养教师的教育理论课程的内容，符合高师院校培养新型教师的需要。不仅能使未来的教师在掌握宽厚专业知识的基础上，具有较深的教育理论功底，而且使新型教师与高师院校传统培养的教师形成鲜明的对照，并逐步使新型教师成为素质教育的主力军，从而适应素质教育的需要，进而推进素质教育的健康发展。

2. 理论和技能相结合，增强高师生实践能力的培养

在高师院校培养教师的教育理论课程重构中，教育学和心理学两门课程处于高层理论位置，具有指导性。班级教育管理学、中小学生心理辅导和教育科研方法同属教育学和心理学的范畴，是其派生的二级学科，处于教育学和心理学的下位，既具有理论性，又具有技能性质，二者的理论层次分明，设计的目的是理论与技能相结合，并对技能课程加强训练，培养高师生理论与实践相结合的能力，克服了高师院校传统培养教师的教育理论课程脱离实际的训练模式，加强了技能课程的教学和训练，缩短了高师院校学生理论与实践相结合的时间和距离，加快了高师院校学生成为新型教师的进程。

3. 体现了师范特点，强调职业性

高师院校在课程设置上，教育理论课程的多少是体现师范性的重要标志。高师院校传统培养教师的教育理论课程设置，在体现师范性这一点上是不够的，它只占总教学时数的4%，重新构建的高师院校培养教师的教育理论课程5门270个学时，占总学时的10%，基本体现了师范教育的特点。同时，教育技能理论课程的增加，强调了课程设置的职业性。所谓职业，就是一种相对固定的，体现社会分工的，并要求工作者具备一定技能的劳动。这种劳动是人们的文化水平、行为模式、思想情操等诸方面的综合反映，它是人类社会中最根本的社会组织形式。所谓职业性具有三个明显的特征:[1] 第一，经济性，即通过职业的劳动取得经济收入；第二，社

---

① 柳清秀:《高校人力资源管理》，中国文史出版社2004年版，第176页。

会性,即符合社会需要,为社会提供有用的服务,为社会发展作出贡献;第三,稳定性,即所从事的职业无论从劳动的内容和时间上都是相对稳定的。这就是说,某项工作使劳动者能够较长地稳定地投入才能称为职业工作。高师院校培养教师的教育理论课程的重构充分体现了教师职业特征,它将具有较强的生命力。因为,没有职业性的高等教育是不可能长期存在和发展的。

综上所述,高师院校培养教师的教育理论课程的重构打破了原有格局,拓宽了教学内容,增加了教育理论课程。课程科目理论与技能相结合,增强了高师生实践能力的培养,体现了师范特色,强调了职业性,将为我国新世纪高师院校培养新型教师提供参考,培养出更多的适应素质教育需要的新型教师,进而促进高师院校可持续发展。

第二节 高师院校可持续发展"双学位" 教师培养模式

教育要发展,教师教育是根本。培养什么样的教师和选择什么样的培养模式培养教师是世界各国共同关注的重要问题。考察世界范围内的教师教育模式,大致可以分为以下三种类型。

一是以俄罗斯为代表的"封闭定向式"教师教育体系,即设立独立的师范院校来培养教师,满足各类学校对教师的需求。但逐步向开放、非定向式发展。这种培养模式,对我国影响深远。

二是以美国为代表的"开放非定向式"教师教育体系,即教师的培养主要由综合大学中的教育学院来进行。教师的培养是开放的,非定向的。

三是以法国为代表的"混合型"教师教育体系，即由师范院校和综合大学共同培养教师。教师的培养体现了封闭向开放式的发展。

纵观世界教师教育培养模式的发展，教师教育体系从封闭走向开放，从定向走向非定向是教师教育的发展趋势。[①] 我国也不例外。从新中国成立到20世纪末一直是奉行俄罗斯的"封闭定向式"教师教育体系，并设置不同的三级师范院校分工培养小学、中学和高中教师，从2002年开始，打破了封闭式教师培养模式，从封闭走向开放，从定向走向非定向相结合培养教师的模式(类似法国模式)。当年全国共有师范院校183所、教育学院34所和非师范类院校258所参加了师范类招生。全国有140.2万名师范类普通本专科在校生。其中师范类院校学生占70%，教育学院学生占2.6%，非师范类院校学生占27.4%。[②] 世界教师教育培养模式的发展趋势促使教师职业发生了变化，教师不仅仅是一种大众化的职业，更重要的是一种专业，教师必须专业化，也只有专业化的教师，才能够适应教育发展的要求。同时，这一趋势的发展给高师院校培养教师的传统模式带来了巨大的挑战。我们应根据党和国家、用人单位和高师院校的定位与人才培养目标等方面的要求，采取积极应对的策略。

一 我国对教师教育的要求

我国一直对教师的教育十分重视，党和国家通过制定一系列文件、法规、法律形式强调教师教育，江泽民同志则对新型教师的素

---

① 韩猛等：《高等师范院校双学位教师教育培养模式改革探析》，《内蒙古师范大学学报(教育科学版)》2006年第11期。

② 柳清秀：《高师院校可持续发展财务预警机制初探》，《湖北社会科学研究》2005年第2期。

质提出五点要求，可见，党和国家以及领导人都强调教师教育。

（一）江泽民同志对新型教师的要求①

江泽民同志在第三次全国教育工作会议上指出，教育是知识创新，要培养学生有创新精神，教师必须有创新精神，创造能力。"学校要以育人为中心，教学为主体，科研为先导"，每个教师都应从事科研工作，提高学术水准，不直接从事科研活动的教师不可能有创造力，也很难提高教学水平和教学效果。一所大学如果学术氛围不浓，学术水平不高，也就不可能有很高的教学水平和教学质量。但是高等师范的主要任务是培养中学教师，因此学术不能与师范性脱离和对立，而要服务于师范性，即培养出来的人必须是胜任素质教育的、有创新精神和实践能力的中学教师。江泽民同志的这些表述，明确阐释了新型教师的规格，概括地说，表现在五个方面：

一是教师要有创新精神，创造能力。

二是育人为中心。

三是进行科学研究。

四是胜任素质教育。

五是具有实践能力。

江泽民同志对新型教育的五点要求，为高师院校培养新型教师提供了明确的指导。

（二）党和国家对高师院校培养师资的要求

1999年6月颁布的《中共中央国务院关于深化教育改革，全面推进素质教育的决定》指出：增强和改革师范教育，大力提高师资培养质量。调整院校的层次和布局，鼓励综合性高校和非师范院校

---

① 柳清秀：《高师院校教师教育理论课程重构初探》，《教育与职业》2005年第12期。

参与培养和培训中小学教师的工作，探索在有条件的综合性高校中试办师范学院。

2001 年《国务院关于基础教育改革与发展的决定》中规定：建立以现有师范院校为主体，其他高等学校参与，培养培训相衔接的开放的教师教育体系，鼓励非师范院校参加培养培训教师教育工作。

在两个《决定》的指导下，我国开放性新的教师教育体系正在逐步有序形成，江泽民同志对新型教师的要求还没有引起人们的广泛关注。但与决定一起可以构成我们思考高师院校双学位教师教育培养模式的背景，无疑是十分有益的，既给我们以挑战，又开拓了我们思考问题的视野。

（三）用人单位对教师的要求

具有良好的道德品质，扎实的学科专业知识和教育理论基础、教育教学方法；具有创新、敬业精神和实践能力，适应素质教育或新课改要求的新型教师，是广大用人单位对教师的共同要求。

新课改要求：重建新的课程结构——从整齐划一走向多样性，从分科走向综合，合理设置课程门类和课时比例，体现均衡性、综合性、选择性。

这些要求，高师院校在培养师资的过程中应该充分考虑，在实践中，应该得到贯彻和落实。

（四）高师院校对教师培养的要求

学校目标定位：把学校建成具有教师教育特色，多科性、实力强，在全国同层次院校中处于一流水平的师范大学或学院，这是多数高师院校的描述。

人才培养目标定位：以服务基础教育为主体，同时面向地方经济和社会发展，培养知识面宽、基础扎实，能力强、素质好，具有创新精神和实践能力的新型中学师资和其他行业高级应用型人才。

学校目标定位和人才培养目标定位应成为我们思考"双学位"教师教育的重要依据。

二 高师院校传统教师教育的缺陷

高师院校传统培养教师教育的模式主要是封闭式，但随着培养教师教育模式的发展，这种传统的培养教育模式不能适应社会需要，因为，它存在诸多弊端。

（一）教育理论课程开设少，未突出教师教育的理论性

在传统的教师教育中，高师院校一般开设"老两门"教育理论课程，即教育学和心理学。俗称"老两门"。这对师范生来说，是必要的，但不是充分的。它不能适应教师对教育理论的要求，应该重构教师教育理论课程新板块。

（二）教育理论课程开设分散，未形成教师教育理论课程体系

由于"老两门"过窄，学校就号召学生选修与教育学和心理学方面的相关课程。没有科学地构成教师教育理论板块。由于缺乏指导，学生任意选，一样不能组成板块，起不到以"老两门"为基础，拓展教师教育理论课程的作用。所以，应该将分散开设的教育理论课程集中起来，进行组合，重构教师教育理论课程新体系。

（三）培养教师教育的方式仍然在封闭式上打转，未能打破传统教师教育培养模式

目前，高师院校培养教师教育仍然在封闭式上打转，教师教育理论课程仍开设"老两门"，形式上加大选修课，教师任意讲，学生随便选，学校尚未对学生选修教师教育理论课程作出明确规定。虽说开设了辅修第二学位课程，由于选修人数少，管理难度大，大面积开展这项工作还有困难。因而，要实行重大改革，打破旧模式，探求符合高师院校可持续发展教师教育的培养模式。"双学位"

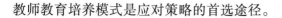

教师教育培养模式是应对策略的首选途径。

三　高师院校可持续发展"双学位"教师教育培养模式的内涵

在高师院校学生中实行"双学位"教师教育培养模式，就是改变传统的人才培养的单一模式："公共类课程＋专业类课程＋教育类课程"混编的课程设置所造成的学生学科专业和教师职业能力"双薄弱"的现象。应按照教师专业化、新型教师、党和国家、用人单位的要求和学校定位来培养教师，实行"公共类课程＋专业类课程"和"教育类课程"分离的教师教育培养模式，学完规定学分，前者发给学生学科学士学位，后前发给教育学学士学位，即"双学位"教师培养模式。

这种培养模式的实施，可以凸显师范特色，增强师范院校毕业生就业的竞争力。

四　高师院校可持续发展"双学位"教师教育培养模式的实施

高师院校实行"双学位"教师教育培养模式是一种打破传统教师教育培养模式的改革与创新，也是促进高师院校可持续发展教师教育培养模式的重大举措。它将导致人才培养目标、课程设置、"双学位"教师教育培养模式的性质和改革内容的再认定。现分述如下。

（一）高师院校可持续发展"双学位"教师教育人才培养目标

通过学科专业教育和教师专业教育，培养宽口径、厚基础、强能力、高素质复合型的"双学位"教育人才，满足基础教育、初、中等教育的教师或管理人才的需要，同时兼顾培养高等职业技术教育教师或管理者和其他教育机构或单位的工作人员。

改革的对象是师范专业和师范专业的学生。

（二）高师院校可持续发展"双学位"教师教育课程设置

"双学位"教师教育课程设置应该从课程结构方面来考虑，它由三块构成：(1)公共类课程；(2)学科专业类课程；(3)教育类专业课程。

从这三个方面来构建"双学位"教师教育课程体系。这种课程体系是一种全新的思维，必须打破原有思维方式的束缚，探索出一条新路。至于具体的课程名称，应在统一思想的基础上，组织力量进行专门的论证，拿出方案，再确定。只要大方向明确了，具体的技术组合就可以解决。

（三）高师院校可持续发展"双学位"教师教育培养模式的性质

高师院校可持续发展"双学位"教师教育培养模式实施后，它的性质仍然具有定向性，即主要面对基础教育、初、中等教育培养师资或管理人才，同时兼顾培养高等职业技术教育教师或管理者和其他教育机构或单位的工作人员。这是由我国的国情决定的。据2005年中国统计年鉴资料表明，我国普通中学、小学、普通高中在读人数为20284.2万人。其中小学12129.9万人；中学6459.2万人；高中1695.3万人。① 我国两亿多人口的基础教育（中等教育尚未统计进来）需要教师去培养，将其蛰伏能力转化为一种人力资源，没有教育是不行的，没有教师的教育更是不存在的。所以，要发展教育，就得有教师，教师主要由高师院校来培养。由于我国人口基数大，人人需要接受教育，这又决定了高师院校可持续发展"双学位"教师教育培养模式具有定向性，即主要面对基础教育、初、中等教育培养师资或管理人才，同时兼顾培养高等职业技术教育教师或管理者和其他教育机构或单位的工作人员。

---

① 陈孝彬：《教育管理学》，北京师范大学出版社2008年版，第221页。

（四）高师院校可持续发展"双学位"教师教育模式改革的内容

1. 修改师范类教育专业培养目标。

2. 将现行师范类开设的"老两门"和其他零散开设的教师教育技能课程，合并到到"双学位"教师教育类课程。

3. 取消现行师范类学生任意选修跨选课，规定选修"双学位"教师教育类课程。

4. 在教育科学学院现行教育学"双学位"课程设置的基础上，重组新的"双学位"教师教育培养模式课程体系。这个课程体系不是教育学专业课程体系的翻版，而是专业与综合教育理论或技能课程的组合。

5. 学制不变，学习内容统筹安排。

前两年学习"公共类课程＋学科专业类课程"；后两年学习"教育类课程"，也可以同时并进，分类记录学分。

高师院校实行"双学位"教师教育培养模式，是落实学校目标定位和人才培养目标定位的实际行动，是一种创新，它凸显了教师教育特色，与国家对教师教育的要求相吻合，也能适应用人单位的基本要求，与此同时，可以增进师范生教师专业化的教育质量，提高师范生的就业竞争力。

第三节　高师院校应承担培养职业技术
教育师资任务[①]

高等师范教育应改变只为中小学培养师资的现状，破除传统思

---

① 柳清秀：《高师院校应承担职教师资的培养任务》，《职业技术教育》2004 年第 20 期。

想的束缚，在培养中小学师资的同时，应承担培养职业技术教育师资任务，设置职业技术教育专业，开设职业技术教育课程和进行培养职业技术教育师资层次定位，有针对性地培养职业技术教育的合格师资，加快培养步伐，适应职业技术教育发展的需要，从而推动职业技术教育的发展。它是高师院校可持续发展论的重要组成部分。

高等师范教育的培养目标定位是为各级各类学校培养合格的师资。这个培养目标的外延是很宽的。纵向来说，它包括上至大学，下至小学的教师都由高等师范教育来提供。横向来说，各类中等学校以及各类职业技术学校的教师也包括其中。实际上，我国目前高等师范教育只为中小学校培养师资，而各种职业技术学校所需教师，高等师范教育并没有将其纳入自身的范畴。这一问题虽说在当前高等师范教育专业改造，课程改革的大潮中也还未进入高等师范教育的视线。提得最多的还是"高等师范教育应面对基础教育"，实际上还是强调为中小学校培养师资，这与前面的叙述是一致的。主要原因是受传统师范教育观念的影响，认为高等师范教育是培养高级专门人才，职业技术教育主要是培养操作层的劳动者，二者不在同一层面，故不能将其纳入高等师范教育范畴。这一传统思想的存在，导致高等师范教育将职业技术教育师资培养拒之门外几十年。作者以为，我们必须破除这一传统思想的束缚，改变这种现状，主张高等师范教育在培养中小学校师资的同时，还应为职业技术教育培养合格的师资，也就是说应将职业技术教育师资的培养纳入自身范畴，实现高等师范教育为各级各类学校培养合格的师资目标定位，促进高师院校的可持续发展。

职业技术教育由职业技术学校来实施。职业技术学校既包括目前新兴的地方性技术学院，也包括中等职业技术学校，它是为适应我国经济发展培养大批有技术的劳动者的专门教育机构。近些年来，全国各省市基本上都有了职业技术学院或技术学校。这些职业技术院校承担了人力资源的开发任务，主要为当地经济建设培养职业技术劳动者。目前普遍感到压力大的是职业技术教师难聘。考察现任教师的情况，除了部分老职业技术院校外，一般由"转"、"接"、"调"、"聘"四种情况构成。一转，即随院校性质的改变而整体转为职业技术教育师资；二接，即接受部分大专院校的毕业生担任教师；三调，即从一般学校抽调部分有专长的教师担任；四聘，即聘用部分有专长的人员（含退休人员）担任教师。在这四种情况中，教文化课的教师多于教专业技术课的教师，或者说，大多数教师只能教文化课或基础课，而不能教专业技术课。这种现状终究会影响职业技术教育的质量和实现职业技术教育的目的。因此，高等师范教育应挑起培养职业技术教育师资任务的重担，解决职业技术教育师资匮乏问题。怎样挑起这副重担和解决这一问题呢？一般应从以下三个方面着手。

一　设置专业技术教育专业

职业技术教育泛指一切有助于培养、提高人们的就业能力和从事现有工作（劳动）的技能的活动。它是技术教育、职业技术教育和职业培训的总称。[①] 职业技术教育是给予学生从事某种职业或生产劳动所需知识和技能的教育。新中国成立以来，国家为了培养这方面的人才，一直强调发展职业技术教育，特别是改革开放以来，我国职业技术教育得到了大力的发展，一个具有中国特色的从初等到高等的职业技术教育框架已基本形成。1997 年，我国拥有职业初中

---

① 靳希斌：《市场经济大潮下的教育改革》，广东教育出版社 1998 年版，第 214 页。

1469 所，在校生 80.9 万人。另外还有"三加一"、"初二分流"、初中引进职业教育因素等多种形式的初等职业教育。初等职业教育的发展，对于欠发达地区农村劳动力的培养和义务教育的普及有积极的意义。中等职业教育的发展，根本改变了中等教育结构单一的局面。至 1997 年，中等职业学校（含中专、技工学校、职业高中）共有 17116 所，在校生 1089.4 万人，分别是 1978 年的 3.6 倍和 8.6 倍。中等职学校在校生数占高中阶段在校生总数的比例由 1978 年的 7.6% 提高到 1998 年的 57.4%。高中阶段职业教育的发展，一方面满足了经济建设对各类初中级人才和劳动者的需要，促进了劳动者素质的提高；另一方面，缓解了普通高等学校招生的压力，对社会稳定作出了贡献。80 年代高等职业教育的应运而生，是与我国经济和科技发展的实际需要相适应的。改革开放和现代化建设的不断发展，科技的不断进步，大量新技术、新工艺、新设备的采用和引进，在资金技术密集的行业和经济发达地区对生产第一线的从业人员的技术水平、能力结构提出了更高的要求，急需通过高等职业教育大量培养既掌握较高技术技能又有一定理论知识的高层次技术人才。进入 90 年代之后，高等职业教育有了较快发展的势头。目前全国已有高等职业技术学院 37 所，职业大学 73 所，高等技术学院 3 所，举办五年制高等职业教育班的中专学校 14 所。此外，还有部分高等职业专科学校和成人高校也在进行高等职业教育试点。高等职业教育对口招收中等职业教育毕业生，加强了中等和高等职业教育之间的沟通关系。高等职业教育发展，不仅对初等职业教育的发展有着积极的作用，而且在职业教育制度上，成为一种适应经济建设和社会进步的新型制度。① 我国高等师范教育几十年来对职业技

---

① 国家高级教育行政学院：《新中国教育行政五十年》，人民教育出版社 1999 年版，第 138 页。

术教育师资的培养却未涉足，这不能不说是教育制度上的一个失误。我们面对庞大的职业教育规模，但缺乏职业教育，现在应将其提到重要的位置上来，设置职业技术教育专业，培养职业技术教育的合格教师，适应职业技术教育发展的需要，从而培养大批适应我国经济发展对职业技术人才的需求，满足用人的需要。

二　开设职业技术教育课程

课程是指学校按照一定的教育目的所建构的各学科和各种教育、教学活动的系统。它包括三个要素：第一，课程是有目的的，不是自然发生的；第二，它是一个有组织的体系而不是杂乱无章的；第三，它既包括学科体系，也包括其他有目的的教育教学活动体系。从性质上看，当代世界绝大多数高等学校实施的都是专门教育，即根据学术门类或职业门类划分，将课程组合成不同的专门化领域。[①]职业技术教育也是一种专门教育，培养其师资的课程设置应充分考虑职业技术教育的五个特点。

第一，服务经济的直接性。与普通教育相比，职业技术教育与生产力、产业结构和经济发展之间的联系更为直接与密切，具有很强的直接参与经济生活的主动性、能动性。职业技术教育对社会经济的重要贡献就在于通过教育与培训，把以体力劳动和经验技能为主的简单劳动，变成以脑力劳动和科技知识为主的复杂劳动，把可能潜在的生产劳动，转化为现实的直接的生产力，从而提高劳动力的智能素质，改变劳动力的形态，为经济发展注入新鲜的血液，增添强大的后劲。另一方面，职业技术教育向市场输入的人才的数量和质量也都是受经济发展水平制约。生产发展的规模和结构决定了

---

① 潘懋元：《高等教育学》，福建教育出版社2000年版，第127页。

劳动就业的规模和结构，而劳动就业的规模和结构又制约着职业技术教育的规模与结构，从而保证职业技术教育培养的人才与经济发展需求相吻合，并提高人才培养的社会效益。因此，职业技术教育课程的设置应突出直接服务经济的特点。

第二，培养目标的职业性。职业技术教育的任务是为社会各行各业培养直接从事生产操作或经营管理的专门技术人才。职业技术学院在新生入学时就对其进行未来所从事的职业的敬业教育，在教学过程中也要进行针对性的教学，大部分毕业生直接就业并要求专业对口，因而绝大多数人都能较快地适应新的职业岗位，并迅速成长为业务技术骨干。因此，培养目标的职业性是设置职业技术教育课程的核心。

第三，教育活动的实践性。职业技术教育区别于普通教育的一大特点就是重视生产实际环节，重视实验、实习操作，培养学生较强的动手能力和操作技能。在科技发达的今天，由于科学知识更新的速度日益加快，人们要适应社会，就必须不断地再学习，而职业技术教育正是促进科学知识和生产技术传播、使用、扩散乃至创新的重要途径。为适应这一需要，对学生进行学习能力、实践能力的培养是关键的。因此，职业技术教育必须突出和强化学生将专业理论与生产实践有机结合的能力，积极培养学生的动手能力与适应能力。这就要求设置职业技术教育课程时应考虑理论与实践的结合，强调操作与应用。

第四，社会联系的广泛性。职业技术教育涉及社会各行各业和具体工作岗位，社会联系极其广泛。无论哪个部门或行业，无论从事何种职业，都需要高素质的员工。现代企业面临高科技信息时代的挑战，面临市场经济的发育与完善，要在市场竞争中永居不败之地，就必须不断开拓新的业务，提高产品和业务质量，这一切均有赖于就业人员素质的提高。因此，职业技术教育正以前所未有的速度在更加广泛的领域发展起来，课程设置应专而宽，以满足社会各行各业对专业技术教育培养人才的要求。

第五，形式手段的多样性。职业技术教育形式灵活多样，既有职前准备教育，又有职后进修或专业培训；既有正规学历教育，又有非学历短期培训。丰富多样，灵活变通的教育形式不仅扩大了社会受教面，满足了不同层次社会成员的多方面需求，而且在不断适应市场经济发展的过程中，职业技术教育也增强了自身的生命力和竞争力，显示出它对建立社会主义市场经济体制的作用。因而，课程设置也应该形成多样化，不拘一格，以便于各种职业技术教育形式和手段的运用。[①]

我们认真地考察了职业技术教育的特点，主张依据职业技术教育的特点来设置职业技术课程。将其与一般高师院校教育的课程区分开来，同时，也与一般高师院校教育培养的师资规格区分开来，有针对性地为职业技术教育培养合格的师资，加快培养步伐，推动职业技术教育的发展是高师院校可持续发展论的重要内容。

三　培养不同层次的职业技术教育师资定位

高等师范教育将职业技术教育师资培养纳入自身的培养范畴，在培养规格上应采取"金字塔"结构，上小下大，不能一味追求"高等专门人才"一个规格，而应根据我国的国情进行规格规定，根据规格的教学内容的需要进行学制规定，一般两年、三年或四年。形成规格越高，学制越长的态势，不搞"一刀切"。这样可以构成不同的培养层次，使学生掌握一定的技能，通过充分的运用，

---

① 潘懋元：《高等教育学》，福建教育出版社 2000 年版，第 127 页。

拉开就业距离，缓解就业压力，为各类职业技术院校提供有效的师资供给，是高师院校迫在眉睫的任务，高师院校应该引起高度重视，把培养不同层次的职业技术教育纳入自身的培养范围。

在我国职业技术教育中，中等职业技术教育无论在绝对规模上，还是在相对比重上都有很大增加或提高，但若与普通中等教育的规模和比重比较，其发展则远远不够。由于中等教育阶段职业技术教育分流非常有限，85%以上的学生都涌进以考大学为最终目标的普通教育，而各级毕业生升学率又很低，大约10%—30%的小学毕业生、50%—60%的初中毕业生、40%—90%的高中毕业生不能升入高一级学校而失学，这样每年造成大量的（从2000人万到900人万不等）未受职业技术教育而进入劳动市场的劳动者。这些被教育所"忽略"的劳动大军走上市场和社会以后，因缺乏必要的职业技能而很难适应专业化分工和社会化大生产的需要，这就必然会对整个社会经济专业化分工的深化及组织结构优化产生强大的阻滞作用。[1]高等师范教育应为这庞大的职业技术教育需求提供充分的师资，有效地开发这些劳动大军，将他们潜在的能力，通过职业技术教育，转换成现实的劳动能力，成为人力资本和专业化的劳动大军，从事较为复杂的技术劳动，从而创造新的价值，推动社会经济的发展，进而实现自我价值。

实际上，我国劳动力的专业化水平较低。一方面体现在大量的劳动者拥有的是一般性、常识性的科学文化知识，专业化的技能十分缺乏；另一方面又体现在所分化的专业知识技能在高低层次上难以适应社会需要，也就是说，中等专业技术人才首先是在总量规模上长期匮乏短缺。根据美国经济学家断言：像美国这样的据说已进

---

[1] 李宝元：《人力资本与经济发展》，北京师范大学出版社2000年版，第111—112页。

入知识经济时代的发达的国家，约70%的工作岗位并不需要大学毕业生就能胜任。那么，对中国这样的尚在工业化进程中的发展中国家来说，受过大学教育的高等专门人才固然缺乏，但就社会经济发展需要而言，更为短缺的是受过中等职业技术教育的各行各业的劳动者。[①] 因此，我国高师院校培养职业技术教育师资的定位主要任务应该放在初、中等职业技术教育的师资上，兼顾培养高等职业技术教育的师资。其中培养农村职业技术教育师资尤为紧迫。农村职业技术学校的教师多数为"一面手"，即只能胜任普通学校文化课的教学，绝大多数不能胜任职业技术学校职业技术课程的教学。为了更好地解决我国高师院校教育不适应我国社会经济发展的问题，高等师范教育必须立足农村，面向农村教育，培养农村教育所需要的"一专多能"的教师，即既能上文化课，又能教农村职业技术学校课程。为此，高等师范教育在调整系科设置和专业设置时，应考虑增强农村职业技术教育的学科，为农村职业技术教育培养合格师资。

综上所述，高师院校培养职业技术教育师资，是我国经济发展的需要，它打破了几十年来不把职业技术教育师资培养纳入自身范畴的传统格局，它是"大师范思想"的宣扬。同时，也为改造传统的师范专业带来了活力，增加了设置新专业的空间，拓宽了高等师范教育培养师资的门路。这一构想的实施，将对发挥高等师范教育现有人才的优势，充分利用现有教学设备和其他资源，加快培养各类职业技术教育师资的步伐，特别是注意农村职业技术教育师资培养等方面创造了有利于高师院校可持续发展的条件。

---

① 李宝元：《人力资本与经济发展》，北京师范大学出版社2000年版，第111—112页。

第六章

高师院校教学与新课改要求的
对接策略①

为基础教育改革与发展培养富有创新能力的师资，适应新课改的要求，既是高师院校的神圣使命，也是高师院校可持续发展的重要途径。为了迎接新课程改革对传统教学带来的挑战，高师院校必须引领教师深入了解新课改的内涵，实现教育观念、教学方式、教学行为和指导学生学习行为的转变。而高师院校现行的教学表现出新课改理念未深入人心、教学方式仍戴旧面纱、教师教学行为未改变和学生学习行为尚待改进的问题。因此，高师院校必须采取相应的策略来更新自身的教育观念、改革教学方式、转变教学行为、改变学生的学习行为以及教育实践制度，从而培养出适应新课改要求的新一代师资，促进高师院校的可持续发展。

---

① 曾红梅同学参加了本章撰写工作。

第一节　新课改溯源

一　课程改革的国际性

近 30 年来，世界各国对课程改革异常关注。美国在 20 世纪 50 年代，率先进行了以"新三艺"（自然科学、数学、外语）为核心的小学课程改革，其重心是实现课程内容现代化；其后在 70 年代出现的"恢复基础运动"也以加强基础学科教学，加强基础技能的训练为重点；到 80 年代，美国课程改革力度更大，要求从整个课程体系改革出发，全面提高教育质量。

英国《1988 年教育改革法》洋洋 20 万字，但核心问题是"国家课程"改革，确定数学、英语、科学为"核心课程"，历史、地理、技术、音乐、艺术、体育和外语为"基础课程"，并规定了达到这些课程要求的标准和措施。

苏联于 20 世纪的 50—80 年代中期，是追求课程现代化的阶段，70 年代苏联普通学校的教学内容获得了彻底的更新，达到现代水平，同时强调实施课程应使学生的品德、情感、意志、兴趣、动机等得到充分发展；1984 年 4 月以后，又强调"教育与生产劳动相结合"，着力加强普通学校的劳动教育和职业教育，加强普通教育和职业教育的联系。

日本在战后分别于 1947 年、1958 年、1968 年、1977 年、1989 年进行了五次中小学课程改革。通过总结历次改革的经验教训，将"重视个性"教育作为重要原则，强调课程的个性化、国际化和信息化。进入 90 年代后，日本政府为了建立面向 21 世纪的教育体制，也进行了一系列改革，中小学课程改革就是主要内容之一。目前，日本学校对课程改革的原则是：培养学生终身学习的基础，在轻松愉快中发展个性，培养生存能力，使学生学会学习与思考。

法国政府自20世纪80年代起，就对百科全书式的传统学校课程进行了积极的改革，基本精神是"分权、现代化和适应"。1989年法国政府又公布了《法国教育指导法案》，对教育质量提出了基本要求："小学、初中、高中和高等院校均负责传播并使学生获得知识和学习方法的技能。学校教育的内容、方法应与国家和欧洲以及世界的经济、技术、社会和文化的发展相适应。"所以，课程改革具有国际性，世界各国都十分重视。

自新中国成立以来，我国基础教育课程改革经历了五个大的发展阶段：（1）社会主义改造时期基础教育课程改革；（2）全面建设社会主义时期基础教育课程改革；（3）"文化大革命"时期基础教育课程改革；（4）拨乱反正、改革开放初期基础教育课程改革；（5）新时期基础教育课程改革。各阶段都针对具体的时代背景提出了相应的改革措施，对我国教育事业的发展有一定的促进作用。特别是新时期基础教育课程改革，即新一轮基础教育课程改革影响深远。

二　新课改的推进步骤

新课改是我国"新一轮基础教育课程改革"的简称。教育部规定从2001年秋季开始，用5年左右时间，在全国实行基础教育新的课程体系。它是我国新时期基础教育课程改革的重大举措，对推进我国基础教育的发展具有重大意义。

教育部规定我国基础教育课程改革工作分三个阶段进行：酝酿阶段、实验阶段和全面推广阶段。

第一阶段：酝酿阶段。

2001 年 6 月，教育部颁发了《基础教育课程改革纲要（试行）》和义务教育阶段 18 科课程标准的实验稿；审定了各出版社编写出版的 20 个学科（小学 7 科、中学 13 科）49 种新课程实验教材。同时关于课程管理政策、评价制度、综合实验活动研究，均已取得阶段性成果，并在实验区逐步应用。

第二阶段：试点实验阶段。

根据教育部的部署，2001 年 9 月，新课程首先在全国 38 个实验区开始实验。2002 年秋季，各省在每个地级市确定一个省级实验区（以县为单位）开始新课程实验，实验工作拟用三年时间完成，然后再推广。

第三阶段：全面推广阶段。

2004 年秋季，在对实验区工作进行全面评估和广泛交流的基础上，课程改革工作进入全面推广阶段。到 2005 年，中小学阶段各起始年级原则上都将进入新课程。2002 年全面启动普通高中新课程的研制工作，2003 年开始组织新高中课程的实验推广工作。至此，我国逐步形成了适应 21 世纪需要的基础教育课程体系。

新课程的推行实施，给广大的中小学教师带来了全新的挑战，也给师范院校的教学带来了新要求，所以，我们都要积极参与新课程的实践活动。

三　新课改的总体目标

新课改的总体目标是：全面贯彻国家教育方针，以提高国民素质为宗旨，加强德育的针对性和实效性，突出学生创新精神和实践能力、收集和处理信息的能力、获取新知识的能力、分析和解决问题的能力以及交流与合作的能力，发展学生对自然和社会的责任感，为造就"有理想、有道德、有文化、有纪律"的德智体美等全面发展的社会主义事业建设者和接班人奠定基础。为了实现总体的目标，新课改对新一轮基础教育课程改革的理念与策略也作了新的表述。

四 新课改的理念与策略

倡导全人教育——强调课程促进每个学生身心健康发展，培养学生具有良好品德、终身学习的愿望和能力，处理好知识、能力以及情感、态度与价值观的关系，克服课程过分注重知识传承而忽视技能训练的倾向。

重建新的课程结构——从整齐划一走向多样性，从分科走向综合，合理设置课程门类和课时比例，体现均衡性、综合性、选择性。

体现课程内容的现代化——淡化"双基"，精选对学生终身学习与发展必备的基础知识和技能，课程内容关注儿童生活经验，反映社会科技发展新成果。

倡导构建性学习——注重学生的经验与学习兴趣，强调学生主动参与、探究发现、交流合作的学习方式；设置综合实践活动，拓展学生的学习空间，培养创新精神和实践能力，增强社会责任感。

形成正确的评价观念——建立评价项目多元、评价方式多样、既关注结果又重视过程的评价体系，突出评价对改进教学实践、促进教师与学生发展的功能、教师提高和改进教学的功能，改变评价过于强调甄别与选拔功能。

促进课程的民主化和适应性——调整现行课程政策，实行国家、地方、学校三级课程管理，以适应不同地区社会、经济发展的需要和文化发展的需要，增强课程对地方、学校及学生的适应性。

课程体系在课程功能、结构、内容、实施、评价和管理等方面都较原来的课程有了重大的创新和突破。这场改革给教师带来了严峻的挑战和不可多得的机遇，可以说，新一轮国家基础教育课程改革将使我国的中小学教师队伍发生一次历史性的变化，也使广大的中小学教师面临着严峻的挑战。

五　新课改对教与学提出全新的要求

新课改强调，教师是学生学习的合作者、引导者和参与者，教学过程是师生交往、共同发展的互动过程。教学过程不是忠实地执行课程计划（方案），而是师生共同开发课程、丰富课程的过程，课程变成一种动态的、发展的，教学真正成为师生富有个性化的创造过程。因而，新课改对教师提出了新的要求。

（一）新课改下教师的角色将会发生根本的变化

新课改倡导一种课程共建的文化，在新课改环境下，教师的角色发生了很大的变化：由知识的传授者转变为促进者；由管理者转变为引导者；由居高临下者转向"平等中的首席"执行者。

（二）新课改对课堂教学提出更高的要求

课程改革的核心环节是课程实施，基本途径是课堂教学。新课改对课堂教学提出了更高的要求，为适应新课改的变化，教学改革需要在以下几个方面实现新的突破：构建互动的师生关系、教学关系；改革单纯接受式的学习方式；强调发现学习、探究学习和研究学习。

教学过程是师生交往、共同发展的互动过程。在教学过程中，要处理好传授知识与培养能力的关系，注意培养学生的独立性和自主性，引导学生质疑、调查、探究，在实践中学习，使学习成为教师指导下主动的、富有个性的过程。教师应尊重学生的人格，关注个体差异，满足不同需要，创设能引导学生主动参与的教育环境，激发学生的学习积极性，培养学生掌握和运用知识的态度和能力，使每个学生都得到充分的发展。

（三）新课改要求教师适应新的工作方式

新课改要求教师适应新的工作方式：教师之间将更加紧密地合作；教师要改善自己的知识结构；教师要学会开发利用课程资源。

新课改的综合化特征，需要教师与更多的人、在更大的空间、用更加平等的方式开展工作，教师之间将更加紧密合作。可以说，新课程增加了教育者之间的互动关系，将引发教师集体行为的变化，并在一定程度上改变教学的组织形式和专业分工。

课程资源的开发和利用，是保证新课程实施的基本条件。课程资源需要教师去组织、开发、利用，教师应当学会主动地、有创造性地利用一切可用资源，为教育教学服务，还应该成为学生利用课程资源的引导者，引导学生走出教科书，走出课堂和学校，充分利用校外各种资源，在社会大环境里学习和探索。

（四）新课改要求教师掌握新的技能

为适应新课改的要求，教师需要掌握新的技能：具备课程开发的能力；对课程的整合能力；信息技术与学科教学有机结合的能力；广泛利用课程资源的能力；指导学生开展研究性学习的能力等。教师对这些新知识、新领域、新发展要有所了解和掌握。

（五）新课改学生学习方式的转变向教师提出了挑战

课程改革所倡导的新观念，将深刻地影响、引导着教学实践的改变。教师将随着学生学习方式的改变，而重新建立自己的教学方式：指导学生开展研究性、探究性学习，创设丰富的教学情境，注意学生的亲身体验，引导学生将知识转化为能力等，都需要教师去努力尝试。

（六）新课改下教师的教学策略发生了变化

根据新课改的观念，教师的教学策略将发生较大改变：由重知识传授向重学生发展转变；由重教师"教"向重学生"学"转变；由重结果向重过程转变；由统一规格教育向差异性教育转变等。

新的教育观念要求"面向每一个学生，特别是有差异的学生"。新课改从课程目标到教材内容都体现了尊重学生的个体差异，尊重学生的多样性，允许学生有差异地发展，教方应采用不同的教育方法和多元评估标准为每一个学生的发展创造条件。

（七）新课改下教师教学行为的转变

新课改要求教师在教学中实行教学行为的五个转变：即从教师灌输知识转变为引导学生省悟知识；从教师向学生发问转变为引导学生自己提出问题；从题海战术应试训练转变为指导学生应用所学知识解决实际问题；从教师直接演示转变为指导学生独立实践操作；从强制性的教学管理转变为科学民主的人本化管理。

由此可见，新课改的推行实施，给广大的中小学教师带来了全新的挑战，也给师范院校的教学带来了新要求，所以，我们都要积极参与新课程的实践活动。

第二节　高师院校要深入了解新课改对教师和学生的要求

高师院校的教学要实现与新课改的要求对接，需要了解新课改对教师和学生的要求，因为它是指导高师院校教学的航标。概括地说，一般应了解"四个实现转变"。

一　实现教育观念的转变

观念是行动的先导，它对行动起着指导和统帅作用。新课程改革是教育思想观念的一次"启蒙运动",要求广大教师转变教育观念,逐步树立起新的教育教学理念,而且,这种转变是多方面、全方位的。突出体现在以下几个方面。

（一）转变学生观

教师不再把学生看做被动接受知识的容器,而是坚持"以人为本",把学生看成有思想、有情感、有权利、有尊严,正在成长发展中的人。这种"目中有人"的教育反映在教师身上,就是学生本位意识、学生主体意识、学生个性意识等学生观的形成,它是一种新的学生观。它将指导教师以发展的眼光看待学生,改变教学行为和方法。

（二）转变课程观

教师已不再是课本知识的被动的解释者,课程的忠实执行者、而是与学科专家、学生一起构建新课程的合作者。教学不再只是忠实地传递和接受课程的过程,而是教师、学生共同参与的课程创新和开发的过程。

（三）转变教学观

新课改重视对教学关系的正本清源,要求把教学定位为师生交往、积极互动、共同发展的过程。在此过程中,教师与学生分享彼此的情感、体验与观念,丰富教学内容,求得新的发现,从而达到共识、共享、共进,实现教、学相长和共同发展。所以,在新课改的课堂教学中,教师唱独角戏的现象少了,而与学生交流、沟通、合作、互动的现象明显多起来。

二　实现教学方式的转变

教学方式是指教师为了完成教学任务、实现教学目的所采用的各种手段的综合。"教"的行为原本是旨在引出、引导"学"的行为。因此，教学方式既包括教师教的方法，也包括学生学的方法，是教法和学法的辩证统一。随着阅读、写作、计算方式的变革，高师院校的教学方式也必然要发生相应的变化，产生出新的教学方式。如指导学生动手设计、课堂形象展现、课堂实践模拟等多种新的教学方式，深受学生欢迎并积极参与。所以，教学方式的转变具有重要的意义。

在新的教学方式中，教师要重视师生互动，要处理好师生关系、教学关系，而且要为不同差异的学生提供服务。教师一方面是组织者，对讨论进行必要的疏导，鼓励学生大胆发言；另一方面又是参与者，以班内普通一员的身份参与其中，应对学生活跃的思维挑战，相互碰撞、砥砺。在讨论终了时要做好总结工作，重在过程总结、活动的评价、所取得的成绩和发现有待改进的方面，尽量不作定论性的发言。当然，随着课堂民主化的深入，讨论式教学由形式化向实质性发展，讨论式教学将会成为一种导向。

三 实现教学行为的转变

教师在教学中要以教材为平台和依据，充分地挖掘、开放和利用各课程资源，注重书本知识向生活的回归；注重对书本意义的多样化解读，将自己作为学生学习的促进者、教育教学的研究者、课程的建设者"三位一体"的角色体现出来。

（一）教师是学生学习的促进者

教师在教学中，一定要从过去仅作为知识传授者这一核心角色中解放出来，以培养学生学习能力为中心，促进学生个性的健康发展，成为学生学习的促进者。

（二）教师是教育教学的研究者

新课改把"教师即研究者"这一理念摆上了议事日程，促进这一理念向现实转化。它要求教师必须参加教育教学科研，研究教育现象，提出教育问题，探究解决方法，发现教育规律，进行教育、教学行为的反思，在教育、教学过程中不断提升自我水平，从而推进基础教育的发展。

（三）教师是课程的建设者

教师在基于对课程的理解的基础上，以教材为平台和依据，充分挖掘开发和利用各种课程资源，促进书本知识向生活的回归，向学生经验的回归，尊重学生在自身生活经验的基础上对书本意义进行多样化解读。教师参与教材的建设将能够真实反映学生的心理要求，使教材更能够贴近学生的生活。

四　实现学生学习行为的转变

学生学习行为的转变主要体现在学习方式的转变上。新课改力求改变课程实施中过于强调接受学习、死记硬背、机械训练的现状，倡导学生主动参与、乐于探究、勤于动手，培养学生搜集和处理信息的能力、获取新知识的能力、分析和解决问题的能力以及交流与合作的能力。针对传统教学中学生很少有根据自己的理解发表看法和意见的机会这一弊端，新课改倡导以下三种学习方式。

（一）突出自主学习

自主学习是相对于"被动学习"、"机械学习"、"盲目学习"和"他主(控)学习"而言的。自主学习方式与这些学习方式的区别主要在于强调自我监控、自我指导、自我强化。

自我监控是指学生针对自己的学习过程所进行的一种观察、审视和评价。

自我指导是指学生采取那些致使学习趋向学习结果的行为，包括制订学习计划，选择适当的学习方法，组织学习环境等，都由学生自我选择。

自我强化是指学生根据自身的学习结果，对自己进行奖励或惩罚，以利于学习的进行、维持与促进。这使学生从被动学习转为自主学习。

（二）强调合作学习

合作学习是为了完成小组共同的任务，小组成员之间在目标一致的情形下保持相对地分工，努力做好自己该做的事情，最终保证总体目标的实现。

（三）关注探究学习

美国学者施瓦布继杜威的"问题教学法"后明确提出"探究式学习"，认为教师要始终尊重学生的主体性，关注学生作为主体的价值。通过探究，学生能更好、更有效地获得知识和技能以及更丰富的体验，有利于形成正确、积极的情感、态度和价值观。

实践中，由于高师院校对新课改的要求重视不够，没有进行深入、系统的学习和落实，以致广大教师在教学中仍然采用传统的方法，与新课改的要求相脱节，没有形成对接。

第三节　高师院校教学与新课改
要求脱节的原因

新课改要求突出学生的自主学习、强调合作学习、关注探究学习。这些要求在高师院校教学中没有得到真正的落实。在高师院校的教学中表现为如下的情况：刻板的自主学习（在考试周更加突出）、条块分割的内部合作、口号式的探究学习也流于形式。

一　新课改理念未深入人心

高师院校历来以其学术性和师范性向社会证实自己的实力，也为社会培养了一批又一批的优秀毕业生。他们走上工作岗位，投身于我国的基础教育事业，用自己的青春和激情来回报社会。实践中，近些年来的毕业生对新课改知之较少，致使培养的教师与现实需要脱节。这一现象的产生是有其原因的。

（一）高师院校对新课程没有从思想上引起足够重视

就新课改来说，大部分毕业生对于这一概念并不大了解，他们看中的是自己对本专业的知识和技能掌握的程度，对于教育学、心理学乃至于紧扣时代主题的新的教育思想、重大的教育改革事件，如新课程改革并不大关心。在学校接受教育期间，高师院校未大力宣传新课改的精神，进行新课改教学研究和推广。高师院校教师过于注重专业教学，对新课改没有从思想上引起足够重视，未作全面而系统的组织学习和讲授。学生从入学到毕业，专业意识不断被强化，而新课改知识却没有得到应有的传授，以至于当毕业走向工作岗位时不能迅速地进入角色，不适应新课改的要求，难以全面开展教育教学工作。

（二）高师院校教师忽视了对新课改理念的关注

在教学过程中，高师院校教师忽视了对学生需要掌握的条件性知识的传授，过于注重专业教学。在讲授专业知识、培养专业技能时未有意识地渗透新课改理念，导致学生对新课改一知半解，甚至在走上工作岗位后仍然十分陌生。本来初出茅庐的大学生满腔热情，却在任教学校不能适应，使其自尊心受到伤害，教育热情受到打击。这与当前高师院校教学忽视对新课改理念的关注有密切关系。

（三）高师院校内部缺乏良好的感知新课改行动的氛围

在某些高师院校中，对教育思想的研究以及对学生教育技能的训练似乎只是教育科学学院教师的任务。但是，当教育科学学院的教师在课堂上对非教育科学学院的学生讲授教育理念、传播新的教育思想时，却未能引起学生的注意。课堂上学生逃课现象非常严重，即使在课堂上的同学，也只不过为了应付老师上课点名，教师的课是讲给学校教务处查堂的人听的。教育科学学院研究课程改革的资深老师开设关于教育改革的选修课，因无人问津而不得不半途而废。高师院校中，不仅学生群体对教育改革的关注令人担忧，而且非教育科学学院的教师对于教育改革的关注也并不乐观。他们对于教育改革、新课改理念、教育方法变革等方面的问题疏于关注，而学校教务处又没有采取相应的补救措施，极少对教师开展关于教育改革、讨论新课改的讲座、论坛、竞赛等学习活动，使整个高师院校没有形成一股学习新课改精神的风气，师生在校内缺乏良好的感知新课改的氛围。

（四）高师院校教师之间的交流与合作尚待加强

受专业的限制以及教学、科研的压力，高师院校不同院系的教师之间交流与合作较少。隔行如隔山，由于专业分割而造成这种人际沟通的障碍，成为当前高师院校教师之间的一大难题。由于缺乏沟通，使研究教育理论、探究新课改精神的教师不能及时将研究成果与其他学院教师分享，从而导致其他院系教师在实际的教学工作中缺乏方法论指导，最终限制了自身教学质量的提升和对学生新课改理念的培养。

二　高师院校教学方式仍戴旧面纱

学生在高师院校受教育期间，由于缺少到中小学亲身感知新课改的机会，而在校内又缺乏探究新课改的良好氛围，师范大学生对新的教学方式的掌握微乎其微，由于在这方面高师院校教师的可模仿性又太小，大部分新毕业的大学生在实践中运用新的教学方法时显得拙劣而不成熟。在高师院校的课堂教学中，教师无视新课改对未来中小学教师的要求，仍然走"灌输式"、"填鸭式"等传统教学方式路线。其弊端主要体现在以下方面。

（一）以讲台为中心，学围绕教转

以讲台为中心，是一种典型的以教师为中心的古典式教学，学围绕教转。在当前的高师院校教学中，教师坚守讲台，学生在固定好的坐椅上选定自己的座位，然后全神贯注地盯着教室前面的屏幕，追随老师的思路，来吸收某种理论的精髓。讲台上的教师，有些将头贴近计算机屏幕，有些就像召开座谈会一样，滔滔不绝地讲述某一理论、某个知识点，无视讲台下学生的反应。这种现象普遍比较严重，特别在一些年轻教师中更为突出。因为，他们不写讲稿，只做一个简单的标题课件放在银幕上，然后坐到计算机旁边，便于拿出教材照着念。

（二）重授人以鱼，轻授人以渔

传统的教学只讲教法，不讲学法，其结果是导致学生学习能力及效率低下。这种弊端在知识总量越来越多、知识更新速度越来越快的现代社会中更加明显。教师连续地提问、学生惯性地举手、短促地回答、教师补充讲解、下一个提问的设定……这些环节在课堂上循环往复地进行。结果，学生获得的是知识的内容，而对知识的产生过程、获取知识的途径以及知识在实际中的应用等方面却疏于关注。这种重授人以鱼、轻授人以渔的教学方法应该改变。

（三）对知识传授与智力发展的强调走向极端，学生情感的发展被冷落一边

形式教育论认为，学校的任务在于发展学生的智力，至于学科内容的掌握则无足轻重。相反，实质教育论则认为，学校只有向学生传授实用的知识才能为他们以后从事某种职业做好准备，至于发展智力则是无关紧要的。在这两种理论的影响下，传统教学要么突出知识的传授，要么强调智力的发展，明显地把学生的情感发展冷落在一边。事实上，一个没有学生情感参与的教学是一种失败的教学。所以，我们应强调在教学过程中，教师必须调动学生学习的积极性，激发学生的情感，让学生积极地参与到教学中来，同时，传授学生以知识产生的过程、获取知识的途径，以此发展学生的智力，培养学生解决实际问题的能力。这种有学生情感参与的教学，才是成功的教学。

三 高师院校教师教学行为尚未改变

在我国，高师院校教育教学方面存在的主要问题是思想观念与实际行为存在差距，在人才培养模式上过于注重理论的灌输，教学内容陈旧，课程结构设置不合理等。当然，在高师院校的教学中，还存在教师对教学行为转变的轻视问题，这个问题主要表现在考核学生绩效单一、教师垄断沟通、忽视学生的主体性和学生实践能力的培养等几个方面。

（一）对学生的绩效考核形式仍然单一

高师院校教师在学生的综合素质的评定上，其评定的依据仍然以学期末的那张试卷为主，占总成绩的70%，另外30%是学生平时的作业、课堂表现、课外活动等方面的综合。课堂表现的考查判定，由于大班上课，人数太多，教师连学生的名字也叫不出来，师生之间又缺乏必要的沟通了解，所以可以说名存实亡。至于课外活动情况更难掌握，于是，每个学生的平时成绩只能依靠书面作业体现。不知从何时，有的学院取消了书面作业。所以，一学期结束，一门课程学完了，测量学生对该课程掌握的程度也就只能依靠期末考试卷上的成绩决定。由于这种评价方法缺乏对学生综合能力的评价，对实践性环节的重视不够，在某种程度上也造成学生内心深处的惰性滋生，缺乏进取的内在动力。显然这些问题与新课改多元评价学生的要求是脱节的。

（二）教师垄断沟通

教师与学生在沟通形式上形成了稳定的"模式"，即教师埋头讲，学生认真听或者教师主动讲，学生被动听。几十年来，一贯如此。在这种传统沟通方式的教学中，教与学的关系不是教师与学生的平等关系，不是互相沟通、教学相长的关系，而是主动与被动、命令与服从的关系，也是一种单向的沟通关系。这种关系长期渗透到教师的心灵深处，乃至形成权威，直至垄断沟通。

（三）学生的主体性缺失

高师院校在现行的教学中，学生的主体性仍然没有得到体现，主要表现在学生没有选择的自由：不管学生各方面有多大差别，进入了某一个专业，就要接受同样的教学内容。目前，高师院校教学计划上绝大多数都是必修课。近年来，许多高师院校开设了一些选修课，但学生选择余地不大。另外，课堂教学上过分强调知识的系统性、完整性和理论性，知识目标至高无上，教学活动成为一种唯理性活动，单调乏味的理性生活成了课堂生活的全部内容，学生的精神世界成了被遗忘的角落，课堂教学缺乏生活意义和活力，从而使课堂教学失去了创造性，培养出来的学生丧失创新精神和创新能力，这与课堂单一的理论传授教学方式有密切关系。

（四）注重专业理论知识的灌输而忽视对大学生实践能力的培养

中国传统文化和考试升学制度束缚了青年人的主动性和创造性是大家公认的。过于一统的教育绩效考核标准，造成学校老师为了追求学生成绩而过于注重专业理论知识的灌输，而忽略了多数人就业的需求。在这种教学目标的推动下，忽视了对学生实践能力的培养。教师只做讲授式教学，不去拓展新的教学方式，没有在培养大学生实践能力方面下工夫，这种教学弊端已到了非改革不可的境地。所以，我们主张既重视理论教学，又注重大学生实践能力的培养。

四　高师院校学生学习行为尚待改进

新课改要求学生自主学习、合作学习和探究学习，从被动接受学习方式转为积极参与的自我学习。高师院校应该号召教师在教学中自觉指导学生转变学习行为，解决在学习行为方面存在的问题，主动适应新课改的要求。

（一）平时常缺课，考试周用功背

期终考试前的两周，是每位在校学生与学习最亲密的时期，早早地，校园里便弥漫着琅琅的读书声。那专注的神态，乍一看，学生对学习的热爱可真令人感动，让人佩服。自主学习的气氛特别浓！然而，回想平时的表现，学生对待学习的态度，简直叫人啼笑皆非。有句话说：没有缺课的大学生活简直就不叫大学生活！闲聊的时候，有时还特意把缺课作为一个话题来讨论，以自己缺课的多少和学期考试的成绩来衡量某人的聪明程度。总之，大学生活对于大多数同学来说都可以用一句话来概括：平时常缺课，考试周用功背。就是一些坚持到教室去听老师讲课的学生，下课后也会让课堂上的笔记本躺在一边睡大觉。学生一学期对一门课程的掌握程度几乎全靠最后两周的复习是否投入、到位而得来的。有些教师还积极帮助学生实现目标，划定范围，确定重点，暗示标准答案等，不一而足，严重滋长了学生平时学习的惰性。

（二）合作流于形式，成员内部条块分割

当老师安排好讨论的主题时，学生要做的就是分组去执行相应的任务，并努力去达到老师的要求。然而，小组成员的内部分工中却存在着这样一种不和谐因素：分工形式化，成员内部条块分割。小组成员之间，要么有人员的分组，却没有事情的分工；要么有事情的分工，却缺乏合作而内部矛盾重重，小组成员实际上成为了一个个孤独的士兵，局限在自己的范围内履行自己的职责，结果导致小组内部因为分工缺乏沟通而使效率低下。所以，高师院校教师在指导学生合作学习时，既要注意分工，又要注意学生的合作，使二者协调起来，才能实现合作学习的目的。

（三）高喊口号，探究行动有始无终

所谓探究学习，是以学生为主体，教师为指导，创设问题情境，引导学生面对问题进行询问与调查，提出解决方案，经过讨论得出结论的一种学习行为。它的特点是：具有过程性、需要较多的时间、在教师的指导下完成。实践中，高师院教师在教学中因受学时限制，很少有人在课堂上利用这种方法指导学生学习。因而只是强调它的重要性，要求学生在课外自己进行尝试。至于结果，是无检查、无评价、无反馈。高师院对于探究学习也是造势一番：热烈祝贺某学院教学改革隆重启动、热烈祝贺某学院探究学习活动拉开序幕。宣传过后，我们主张在校园里不要过于喧哗，不要展示漫天的标语口号，希望师生能在平静的环境里对有关问题进行探究学习，掌握其规律。

由上述问题可以看出，高师院校的教状况与新课改要求是脱节的。这是一个带有普遍性的问题。针对这一问题，我们拟提出相应的解决对策。

第四节　高师院校教学与新课改要求
对接的策略

高师院校教学必须与新课改的要求对接是促进高师院校可持续发展的重要途径。因为，高师院校培养合格的中小学师资，高师生在接受职前教育时，对新课改要求有了较深的了解，掌握了基本理念和方法，那么，毕业后走上工作岗位就能较快地适应教学，缩短与单位教师的差距，有利于自我竞争，同时体现高等师院教育教学的前瞻性。所以，我们要采取有效措施推进高师院校教学与新课改的对接。

一　深入人心地开展对新课程理念的学习和宣传，大张旗鼓地贯彻落实新课程理念对教师和学生的要求

一项重大的改革、一个重要政策的出台无不是通过学习、宣传来贯彻和落实的。新课改是我国新时期最具有影响的新一轮课程改革，它的贯彻执行必须通过宣传，使广大高师院校教师都知道新课改的基本精神、改革理念和方法。并用以指导自己的教学，自觉培养新型教师。

（一）树立新的学生观、课程观和教学观

新课程对教师提出的最大挑战是教师教育观念的转变。新一轮课程改革并不仅仅是换一套教科书，而是一场教育观念的更新，是一场涉及课堂教学方式、学生学习方式以及学校日常管理等全方位的变革。在这种大变革的背景下，教师必须努力学习教育理论，学习和接受先进的教育理念，应根据教材的特点和学生的思想实际，

转变原有的教学观，重视学生学习活动方式的转变，摒弃视教科书为教学的唯一依据的教材观，改变以落实"知识点"为中心的教学方式，重视教学的"生活意义"。

首先，学生不再是课堂知识的被动接受者，而是知识的主动选择者、意义的自主建构者、课程开发的参与者。一方面是学生对部分课程有了选择权；另一方面是学生亲身参与部分课程的形成，课程不是现成的知识体系，而是教师和学生共同创造的成果。

其次，在课程观上，教师要深入理解课程综合化、弹性化的意义，认识到经验和活动在课程中的作用，不将课程当做一种完全制度化的文本，而要看到课程的过程性和情境性。

（二）在正确对待师范性与学术性的基础上统一认识，高师院校教师要对新课程理念引起足够重视

高师院校正确对待师范性与学术性之间的关系，就是要坚持师范性与学术性的统一，反对倾向一端的做法。在宏观上要意识到，如果只重视学科专业课程的建设和发展，高师院校就失去了存在的特殊性，具有被替代的危险和可能；如果只重视教育专业课程的建设和发展，高师院校就失去了依托，变得空洞乏力。为此，在微观上，高师院校教师要意识到，教学工作是学校的中心工作，其他一切教育工作必须围绕教学工作进行，否则不利于高师院校的可持续发展。此外，高师院校教师之间还要加强沟通与交流，在思想上要弱化专业意识，强化综合意识，从以专业教育为中心转向以大学生全面发展为中心，强化复合型人才的培养。

二　运用新课改理念改革教学方法，实现课程实施方式的现代化

实现课程实施方式的现代化是指教师在授课时要变革与学生的沟通方式，改变教学方法，让学生积极参与，使学生在参与中获得

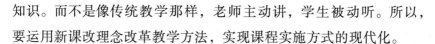

知识。而不是像传统教学那样，老师主动讲，学生被动听。所以，要运用新课改理念改革教学方法，实现课程实施方式的现代化。

（一）革新沟通方式，实施特色式教学

在实际的课堂教学中，教师是一个引导者、一个成熟的学习者，需要具备解决问题的能力，能够解决课堂上随机生成的问题，这就要求教师的知识面宽，专业知识更扎实，具有创新意识、创新能力、创新精神和实践能力。相对于中小学各科任课教师而言，高师院校教师掌握的知识系统、全面、深刻，其综合素质更高。在对本学科特色的了解上，他们比中小学老师更熟悉、更深刻。因此，他们更知道用何种方式引导学生。因此，高师院校教师在给学生授课时，应发挥自己的长处，发挥已经掌握的多学科优势，相互渗透，横向联合，丰富学生的知识结构，全面拓展人才培养规格，向学生充分展示本学科的特色，积极开展富有个性的教学。教学过程中的沟通不是沿用古典式方法，而是要以学生为中心，把学生作为沟通与活动的主体，通过与学生的沟通和活动进行指导。在这个过程中，教师和学生分享彼此的思考、见解和知识，交流彼此的情感、观念、理念，丰富教学内容，求得新的发现，实现教学相长。

（二）运用多种新的教学方式，提升教学效果

教学方法的改革是和一定的教育哲学思想分不开的，在不同的哲学思想指导下，教学的方法、艺术也就不同。当前，人们更关注教师如何使学生掌握学习的方法和技能。国内外教学方法研究的成果很多，现介绍以下几种。

1. 情境式教学

所谓情境式教学，是以学习者对建构过程的理解为基础，使学习在与现实情境相类似的情景中发生，以解决学生在现实生活中遇

到的困难为目标。在以此为主题的教学中，教学过程与现实的问题解决过程相类似。所需要的工具往往隐含于情境之中，教师不是要将准备好的内容教给学生，而是要在课堂上展示出与现实中专家解决问题相类似的探索过程，适当提供一些解决问题的"原型"[①] 来指导学生进行探索，获得成功将有奖励。由于真实性的任务使学生了解自己所要解决的问题，加上任务本身又具有挑战性，解决了问题又有奖励，因而容易激发学生学习的内部动力。课堂形象展现、课堂实践模拟、说课等，都是实现情境教学的好方法。

2. 支架式教学

所谓支架式教学，就是把学生的"最近发展区"转化为现实的发展的过程。教师通过和学习者共同完成某种文化活动，为学习者提供外部支持(支架)，帮助他们完成独自无法完成的任务。随着活动的进行，逐步减少外部支持，让位于学生的独立活动，再完全撤去支架。该教学方式一般包括预热、探究和独立探索三个环节。预热，即做好准备；探究，即教师与学生一起商讨切入点；独立探索，即学生掌握问题的切入点后，根据自己的思路，进行独立的思考解决。

3. 认知学徒制

认知学徒制与上述的支架式教学都是建构主义流派的学习观，是指知识经验较少的学习者在专家的指导下参与某种真实的活动，获得与该活动有关的知识技能。教师作为"师傅"在现场对学生的认知活动进行示范和引导，学生学会在实际活动中逐步洞悉专家所使用的知识和解决问题的策略。高师院校实行的导师制、中学实行的拜师制等，都是认知学徒制的具体实施。

---

① 彭聃玲：《普通心理学》，北京师范大学出版社 2004 年版，第 324 页。

4. 学导式教学法

所谓学导式教学法，是指强调培养学生的自学习惯和能力，包括获取知识的能力、系统整理知识的能力、科学运用知识的能力；主张教师的作用由系统讲授变成定向指导、启发，这种教学法对引导学生发挥学习主动性，克服传统"注入式"教学法有着明显的作用。如上海育才中学经过多年不断地实践和探索，总结正反两方面的经验和教训而提出来的"读读、议议、练练、讲讲"八字教学法在实践中就收到了较好的效果。

总之，在各种新的教学方式的运用中，要特别注意培养学生的情感和智力，从而促进认知的发展。

（三）注重夯实基础，增强师范性，把握时代性，体现前瞻性

夯实基础，就是要加强基本知识、基本理论和基本技能的教学与训练，为从事教师职业提供发展的基石。

增强师范性，就是要改变教育类课程只讲授心理学、教育学老两门的现状，增加中学教学法研究、中学教学技能、中学教学艺术、中学电化教育、中学教师职业道德与修养、中学生心理咨询与矫正、班级教育管理艺术等教育类课程或专题讲座，强化职业理想、职业道德，注意培养师范大学生的教育教学技能和教育研究能力。

高师院校在教学中要体现出时代特色，善于把握时代脉搏，根据社会需要调整教学结构，更新教学内容，培养师范大学生具有现代意识和现代思维方式，掌握现代教育理论和教育方法，具有促进基础教育发展的知识水平和能力。

高师院校教学还应体现出前瞻性，要站在学科前沿，了解世界教育发展和本学科发展的最新动态，把握世界教育发展的潮流和趋势，引领本国教育的发展。

三　大力转变教学行为，加强高师院校学生实践能力的培养

对学生情感的激发，不仅应该成为现代教学的手段，也应该成为现代教学的目的。重视教学中的情感因素作用和进行情感教育，逐步做到理性因素和非理性因素的融合，已是现代教育发展的一种趋势。同样，在教学中注意大学生实践能力的培养，也应该成为高师院校教学的新趋势。

（一）引导师范学生开展教育实践，鼓励他们参与教学改革实验

教师是一种高尚、光荣的职业。教师的职业是一种专业。作为教师，必须成熟、投入和具有专业精神。教师角色包括规划者、传授者、领导者、促进者和引导者，从教学新手到专家型的教师，有一个入职、发展和成熟的过程。这个过程只能在实践中完成。

对于尚未走出校门的师范大学生来说，专业成熟这一漫长而曲折的过程尚未开始，在就业压力空前的形势下，高师院校有必要引导学生开展教育实践，鼓励学生参与教学改革实验，从而提升师范大学生的综合素质，增强学生的核心竞争力。不定期见习、定岗实习和定期实习都是引导学生参加教育实践的有效途径。

（二）增加对高师生实用技能的培训，努力使之制度化

高师院校教学要加强对大学生实用技能的培训，使之制度化。在实践中，除了一般的实践之外，还要经常有意识地开展说课、讲课训练和比赛，增强与中学的交流和联系，建立实践基地，延长教育实习时间，为学生提供更多的实践、锻炼的机会，使学生在实践中巩固知识，拓展知识，掌握新课改的教学技能、学生的学习方式，增强适应能力。并形成一种制度，在运行中逐步完善。

（三）搭建平台，促进在校师范大学生与在职中小学教师的沟通

根据调查结果以及作者长期在高师院校工作的经历发现，就整

体素质而言，中小学在职教师在教育技能上比师范大学生成熟得多，他们对教学法、教学论更加娴熟，能够通过自己的实践经历悟出一定的教育原理，事实上比师范大学生强；在专业理论知识的掌握与巩固程度上，师范大学生占有优势。特别是在对专业知识的考核比重上，师范大学生比中小学在职教师更精深。鉴于此，高师院校教师应该正确掌握中小学在职教师和师范生各自的优势和不足，为他们搭建交流的平台，促进他们的沟通。因而，高师院校应以定期见习和顶岗实习或请进来的形式经常与中小学教师接触交流，让学生直接参与教育实践，将会收到较好的效果。

（四）改革现行的实习方式，提高高师院校学生的实践技能

在就业形势越来越严峻的情况下，高师院校应届毕业生要想形成自身强劲的竞争力，必须在师范性和学术性方面打好基础。如上所述，大四的学生均面临考研与就业的抉择。当然，处理得好，矛盾自然会化解。如果学校能够为学生化解矛盾创造条件，将能对毕业生提供很大的帮助。高师院校可以调整教育实习的时间，重新建立教育实习管理方法。如，大一下学期让学生进入中小学进行教育见习。此时，师范大学生主要是到中小学去感受教育氛围，去领会教师的使命，产生教育的使命感。通过与指导老师和学生沟通，使大学生可以适时明白自己知识和技能上的不足。大学生只有在实际的教育情境中，才能意识到"书到用时方恨少"的俗训，才会产生学习的动力，增强竞争意识。因而，高师院校应将统一集中安排的实习方式，改为分期见习、定岗实习和定期实习相结合的形式进行实践技能的培养。分期见习，可以从大二开始至大三期间安排。共有四个学期，每学期至少到中小学或幼儿园见习一周，多则两周。这期间，也可以定岗实习。大四第一学期在教育见习和顶岗实习的基础上进行教育实习。系统地学习备课、听课、讲课、评课、批改

作业，学习新课改下教师对学生评语的写作和班级管理等。这样有计划、有目的地进行系统的锻炼，能缩短高师院校学生与新课改要求的距离，对提高高师院校学生适应新课改的要求是一个重要的途径，高师院校务必狠抓落实。

综上所述，高师院校要可持续发展，就必须狠抓教学与新课改要求对接的宣传活动，大张旗鼓地宣传新课改对师范院校可持续发展的重要意义，采取有力措施坚决贯彻执行新课改的要求，号召教师认真学习和付诸实施，改变传统的教学方式，自觉按新课改的理念、内容与方法进行教学，培养学生适应新课改的能力。学生也应主动适应，改变学习方法，按新课改的要求进行学习，掌握新课改对学生学习的要求，特别要关注自己将要从事教学的那个学科的改革理念、内容和方法，为自己适应基础教育而进行智力资本积累。

总之，新一轮课程改革是我国基础教育战线的一场深刻变革，实施新课改的浪潮席卷全国大地，一切新的理念与方法冲击着现有教育教学体系，对广大教师和教育工作者提出了新的更高的要求和挑战。高师院校、教师和学生应积极行动起来，全面提升对新课改的认识，投入到新课改的实施中去，这样将会有效促进高师院校教学与新课改要求对接的顺利实施，培养出适应新课改要求的新师资，从而促进高师院校的可持续发展。

第七章

高师院校可持续发展课堂模拟
实践课的教学

长期以来，高师院校课堂教学主要注重理论知识传授，忽视实践能力的培养。美国心理学家罗杰斯曾将这一单一的教学形式称作"颈部以上的教育"，"左半脑的教育"，并认为这样的教育必将会造成学生发展后劲不足。[①] 因而，高师院校课堂教学形式自然成为改革的对象。实践中，人们期望将注重理论知识的传授与兼顾大学生实践能力的培养二者结合起来。在传统观念下，高师院校普遍的做法往往是先进行理论教学，后走出校园，进入社会，参加实践活动。这种理论与实践相结合的方式固然是好，但导致学时不足，活动经费紧张以及效果欠佳等问题，所以，如果将其作为唯一的一种理论与实践相结合的教学形式是难以持久的。针对这一情况，我们提出一种在坚持重视理论知识教学的基础上，同时积极开展和加强高师院校课堂模拟实践课的教学形式，来培养和提高现代大学生的社会实践能力。这种课堂模拟实践课教学形式既可以解决只进行社会实践所带来的问

[①] 孙娟、司晓宏：《怎样构建创新型教学》，《教学与管理》2003 年第 10 期。

题，又能缓解重理论轻实践的矛盾，所以，受到广大学生的欢迎。

所谓高师院校课堂模拟实践课教学，是由学生根据任课教师的设计方案自行准备并在课堂上进行模拟实践的一种教学形式。这种教学形式简便、易行，便于操作。教师凭借高师院校现有条件就可以组织实施，不需要进行较大的经费投入就能把事情办成。所以，模拟实践课在高师院校课堂教学中越来越受到重视，它是培养大学生理论联系实践的有效方法之一。

我们在教学《管理学》课程中，从这门学科具有实践性这一性质出发，在讲透基本理论的同时，还注重课堂模拟实践，共设计了领导角色形象、适应能力、决策能力、组织会议能力、针对不同对象即兴讲话能力、与金融界打交道的方法、竞争上岗等八次模拟实践课，分别在不同的班级中组织实施后，极大地调动了学生学习的兴趣，收到较好的效果。

进行课堂模拟实践课的教学，需要一般的课堂模拟实践课的设计与组织实施方法的指导，认真地进行课堂模拟的实施和掌握课堂模拟实践课教学新模式及其特点，充分体现高师院校教师教学行为的转变和培养学生自主学习、合作学习以及探究学习的能力，努力与新课改对接。

第一节　高师院校可持续发展课堂模拟
实践课的设计及组织实施①

进行高师院校课堂模拟实践课教学，为大学生提供参加课堂模拟

---

① 柳清秀、柳隽宇：《高校课堂模拟实践课的设计及其组织实施》，《当代教育论坛》2007 年第 12 期。

实践课的机会，培养大学生的社会实践能力，既是解决理论与实践相脱节的有效方法，也是当前高师院校课堂教学形式改革的重要任务。

要上好模拟实践课，关键在于模拟实践课方案的设计，从内容到形式都要精心安排。怎样设计模拟实践课方案呢？一般分为确定模拟内容、模拟角色、模拟目的和进行模拟组织实施等四个步骤。

一　确定模拟内容

不同的学科有不同的内容，确定模拟内容要与学科内容相联系，并且是组成学科的主干内容。将主干内容抽出来模拟，便于学生掌握学科体系和记忆知识点，可以收到良好的效果。因此，确定内容是上好模拟实践课的重要步骤。内容确定了，模拟实践课才能有针对性地进行，使模拟者有收获。确定的模拟内容要新，不能太陈旧。这不是说脱离学科内容去搞异想天开，而是要与课程内容密切相关，同时，又是现实生活中的一般现象。

二　确定模拟角色

高师院校课堂模拟教学总是通过一定的人物形象的活动来展现的。它需要广大学生积极参加，人人扮演一个活生生的角色。

所谓角色，它的原意是指演员在戏剧舞台上依据剧本所扮演的某一特定人物。目前，多数心理学家认为，角色就是个体在特定的社会关系中的身份以及由此而规定的行为规范和行为模式的总和。每种社会身份都伴随有特定的行为模式，当个体产生为自己的社会身份所规定的行为规范和行为模式时，便充当角色。[①] 任何社会活

---

① 皮连生：《教与学的心理学》，华东师范大学出版社1997年版，第7页。

动都是由不同的角色构成的。模拟角色就是指参与模拟实践课活动的人员，它是根据模拟内容来确定的。也就是说，确定了什么模拟内容，也就是确定了一定的模拟角色。因此，模拟角色与模拟内容是紧密联系的。参与模拟的人员，一次不能太多，一般5—8人为宜，每人充当一个角色，不能兼职，以便不同的角色站在不同的角度，进行符合自己身份的言行活动，体现角色特点。

角色确定后，对角色要进行分工，使角色进入模拟状态，从自己的模拟角色出发，来思考在一特定环境中所要进行的活动。模拟角色一般不要设计现实中真实身份的政治人物及其家属。最好是以虚拟人物的身份出现，它将避免引起不必要的争端和麻烦。同时，更能够使虚拟人物充分发挥模拟角色水平，提高模拟效果。

三　确定模拟目的

做任何事情都要有一定的目的，即要实现的目标。模拟的目的就是通过模拟活动达到目标。比如"到现场慰问防汛的农民和职工及解放军指战员"，针对这一模拟内容，其模拟目的是"培养大学生针对不同对象即兴发表讲话的能力，体验模拟不同的领导角色"。模拟目的要根据学科性质、内容、要求来确定。一次模拟课，重在突出一个目的，不能将多个目的放在一次模拟实践课中来完成，以免同时出现多个模拟目的，导致模拟目的的不明确，从而影响模拟效果。但一次模拟教学可以是自主学习、合作学习和探究学习等多种学习形式的综合运用。

四　进行模拟组织实施

模拟组织实施是十分重要的一个步骤。上述三个步骤设计的完成，还只是停留在理论上，要将其变成实际，那就要组织实施。组织实施一般由教师介绍背景、程序安排、讲明目的、提出要求、学生模拟、教师评价等6个环节组成。这些环节，要求任课教师认真思考，并写出详细的实施计划。它既是高师院校课堂模拟实践课的关键，也是指导学生进行模拟实践课的指南。因而，模拟组织实施这一步骤具有十分重要的作用。

在模拟实践课组织实施中，上述四个步骤是综合运用的，但在设计时，必须按各个步骤来思考。然后，按不同的内容分别写出每次模拟实践课的具体方案，并依据方案组织实施。这样充分准备之后，模拟才能够产生积极的效果，从而调动学生学习的积极性。下面，我们将从尝试过的《管理学》模拟实践课之五"组织会议"为例，具体说明模拟实施方案的实施。

（一）教师介绍背景

在这个环节中，任课教师主要讲明模拟内容、角色人数及分工等客观情况或环境，创设情境，让学生明确他们模拟的特定环境，从而掌握模拟内容，明确角色及其分工，进而创造性地开展活动。

（1）模拟内容：某县召开首届妇代会。

（2）角色人数：若干人。

（3）角色分工：某同学模拟管理妇女工作的副县长；某同学模拟大会主席团团长（并主持会议）；某同学模拟县妇联主任；某同学模拟妇女代表；某同学模拟新闻记者。

（4）全班学生为听众。

（二）程序安排

程序是指事物发展或活动进行的先后次序。在这个环节中，任课教师主要讲明模拟实施课进行的先后顺序，有效指导学生进行课堂模拟实践课的活动。

（1）角色登场，各作自我模拟角色介绍。

（2）主持人进行开场白，介绍大会进行的程序。

    a. 由妇女主任作妇女工作报告。

    b. 由妇女代表发言。

    c. 由分管妇女工作的副县长讲话。

    d. 新闻记者采访。

    e. 主持人宣布散会。

（三）教师讲明模拟目的

本次课堂模拟实践课教学要达到的目的是：培养大学生组织会议的能力和方法，锻炼提高大学生的口头表达能力，特别是激励女大学生将来参与管理的热情和兴趣，从而培养大学生的社会实践能力。

（四）教师提出模拟要求

（1）所有同学都应积极报名分别参加模拟实践，人人登台模拟，充当一个角色，并且都要发言，发言应符合角色身份。

（2）当次未参加模拟的同学要尊重参加模拟同学的劳动，应充分肯定他们的模拟能力。如果模拟得不好，不能讽刺、嘲笑、攻击他们，只能采取善意的帮助，使他们在下次模拟中提高。

（3）应重视模拟实践的意义，主要是培养同学们的临场经验，应变能力，适应社会环境，引导同学们独立思考问题，尝试管理者的体验，缩短理论与实践相脱节的距离。

（4）模拟之后，参加模拟的同学要向任课老师写出自己模拟某一角色的体会及对模拟实践课教学的意见。

（五）学生模拟

学生根据教师介绍的背景、程序安排、模拟目的和要求先进行认真的准备，然后模拟。

在这一步骤中，学生的模拟将是一个创造性的过程，其思想和行为十分活跃，是我们所期盼的。但有的模拟模"飞"了，即脱离或超越了教师制订的模拟内容。因而，要特别注意引导学生紧扣教师制订的内容进行模拟，不能脱离主题或内容而另搞一套。那样达不到模拟的目的。这是学生进行课堂模拟实践课教学时要特别注意的。

（六）教师当场评价

教师对模拟实践课进行当场评价，也可以在学生自己评价的基础上进行。从模拟过程，到模拟结果；从模拟形式的选定，到模拟内容的再现；从模拟角色的个体表现，到团队合作风貌等方面给予正反评说，以正为主，充分肯定模拟成果的一面，指出模拟应注意的地方，提出合理化建议，引起模拟角色的注意，以便在下一次模拟实践中模拟得更好。教师的当场评价可以起到画龙点睛的作用，有效指导学生提高角色模拟水平和模拟效果。

在这六个环节中，（一）、（二）、（三）、（四）、（六）五个环节全由教师掌握，学生按教师介绍的背景和程序安排等紧扣模拟内容在(五)学生模拟环节中做展开文章。在模拟中，学生是关键要素，处于主体地位，应始终把学生作为主体对待，这是一种教育观念，[1]也是新课改的要求。在这种教育观念的指导下，由学生根据要求，自主模拟，合作学习、探究学习的状况将充分表现出来。可以说，没有学生的参与模拟活动，就不成其为实践课。应当注意，教师在模拟实践课中只能是处于指导地位：创设问题情境，发动学生积极参与，指导学生探究性地解决问题，调动学生学习的积极性，引导学生在体验实践中获得成功的喜悦和教训的挫折感，从而培养大学生适应社会的能力。

----

① 燕国材：《教育心理十题》，中国建材工业出版社 2001 年版，第 34 页。

在实验模拟实践课中模拟妇女主任的那位女同学作妇女工作报告时，在短短的10分钟内概括地报告了三个问题：一是对过去妇女工作进行了总结；二是指出了妇女工作中存在的问题及解决的办法；三是阐明了本次妇女大会的宗旨、妇女权益、奋斗方向和意义，号召全县妇女团结起来，积极参加伟大的社会主义建设。这位"妇女主任"的报告引起全班同学热烈的掌声。她在模拟角色体会中写道："感谢老师给我设计的这一模拟角色，接受角色任务时，我紧张、兴奋得睡不着觉，但兴奋还是战胜了紧张。我在同学们的帮助下进行了认真的思考，根据老师教给的组织会议的方法和管理者讲话的技巧，拟写了讲话稿。虽说内容有些空洞，但形式上是对的。同学们那持久的热烈掌声给了我应有的回报，它说明我的模拟讲话基本上扣住了主题。我太高兴了，虽说模拟不是现实，但这种教学方式毕竟锻炼了我的实践能力，凡是参加过模拟角色的同学都有同感，它真正做到了理论联系实际，也激起了我对中国妇女的自信，我们为什么不能广泛地参加社会各层的管理呢？我的角色模拟是成功的。但是，由于受时间限制，讲得不透彻。如果再有机会轮到我模拟另一个角色的话，那么，我会进一步掌握有限的时间，把角色模仿得更加接近实际……"

模拟新闻记者的那位女同学，当众进行了现场报道，引起同学们掌声一片。

每个模拟角色活灵活现的表现，充分体现了当代大学生的那种生气，收到了良好的效果，也激起了同学们学习《管理学》的劲头，并且越来越多的同学要求参加模拟实践课教学。

五　高师院校课堂模拟实践课教学应该注意的四个问题

高师院校教师在进行课堂模拟实践课教学时，要注意把模拟实

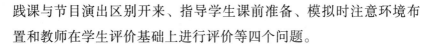

践课与节目演出区别开来、指导学生课前准备、模拟时注意环境布置和教师在学生评价基础上进行评价等四个问题。

（一）应将模拟实践课与节目演出区别开来

从模拟实践课的设计及组织实施中我们可以看出，模拟实践课是在教师的指导下进行的，而不是"放羊式"让学生自己去乱模拟，想模拟什么就模拟什么，把模拟实践课变成节目演出。节目演出是一种娱乐，模拟实践课是一种教学形式，二者的性质不同，不能将其混为一谈。

（二）指导学生课前准备

上模拟实践课之前，教师应根据模拟设计方案的内容，选出模拟角色，进行分工，给定模拟时间，由学生自己去准备，教师只是指导，而不给具体的答案，更不限制学生在教师指定的内容范围内的创造性活动，由学生自主进行。模拟实践课不宜突然袭击，搞即兴模拟，要做到先准备后进行，保证模拟成功。

（三）模拟时注意环境布置

进行模拟实践课要有一定的条件和环境，条件和环境越接近实际，模拟效果就越好。我们所进行的模拟实践课受条件限制，都是在教室里进行的。这也要进行一定的环境布置，营造一种氛围。模拟实践课进行之前，宣传股的同学在黑板上写上了"热烈庆祝我县首届妇女大会的胜利召开"既醒目又整齐的宋体字标语，使气氛很热烈。因此，效果非常好。

（四）教师在学生评价基础上进行评价

模拟结束后，由学生先对学生模拟实践课进行当场评价，培养学生的评课能力。教师在学生自己评价的基础上进行评价。教师的评价具有综合性，它包括模拟过程和模拟结果评价以及模拟形式的选定、模拟内容的再现、模拟角色的个体表现、团队合作风貌等。

模拟过程评价是对模拟计划实施情况进行评判，为模拟学生提供反馈信息；模拟结果评价是对学生模拟实践课的效果进行评判，为学生再模拟提供服务。至于模拟形式的选定、模拟内容的再现、模拟角色的个体表现、团队合作风貌等则是对评价结果的具体内容的分解，便于学生加深理解和掌握。评价主要从正面入手，多鼓励，少挑刺，以此激发学生敢于模拟，善于模拟。教师要善于从中发现学生的闪光点，改变自己传统的教学方法，提高教学水平，促进教师与学生的教、学互动和相长。

高师院校课堂模拟实践课教学对教师要求很高，因为，模拟涉及的问题很多。不同的模拟，设计方法可以相同，但形式却各异。教师如果没有模拟实践课的理论和方法指导，要变换多种模拟实践课形式是难以做到的。因此，教师要多观察社会生活，亲手制作模拟实践课的方案，认真准备，掌握各个模拟环节中可能出现的问题，并能及时纠正，以保证模拟实践课在教师的指导下有序进行，从而有效促进大学生学习行为的转变，积极与新课改接轨。

第二节 《班级教育管理艺术》课程"1+5教学模式"的实践①

湖北师范学院教育科学学院坚持"理论与实践相结合"的人才培养理念，打破传统的课堂教学模式，对实践性课程教学模式进行改革。《班级教育管理艺术》课程是具有实践性的课程，通过立项研

---

① 柳清秀、贺子扬：《班级教育管理艺术课程"1+5教学模式"的实践》，《湖北师范学院学报》2009年第6期。

究，已摸索出"1＋5 教学模式"，在实践中受到学生的普遍认同。这种教学模式将理论教学和实践有效结合起来，重在培养大学生的实践能力，为高师院校实践性课程课堂教学改革探索出一条新路。

一　《班级教育管理艺术》课程的性质与开课目的

所谓班级教育管理艺术，就是以班级为研究对象，用新的视角探讨班级组建、创造性地开展活动、培养学生个性全面和谐地发展、学会学习、学会与人交往、处理各种人际关系和适应社会能力以及推进班级发展与形成班集体、增强凝聚力以实现班级教育管理目标的技能与技巧。技能是指对工具的运用能力，技巧是指对工具运用熟练的程度。二者都强调运用。所以，班级教育管理艺术就是告诉班级管理者怎样进行班级教育管理实践，进行有效班级管理，提高班级教育管理水平的应用科学。它是教育学的一个组成部分，是教育管理学的分支学科。立足于以教育学、心理学、领导科学和管理科学等方面的理论为指导，理性地分析解决班级教育管理中普遍存在而带有规律性的问题，它既不是纯理论的班级教育管理原理，也不是班级管理工作的事例罗列，而是将理论与实践有机地结合起来，力求用理论指导"做"，并赋予新颖性，努力揭示 21 世纪班级教育管理的特点，同时，具有较强的操作性。[①]《班级教育管理艺术》课程是湖北师范学院教育科学学院于 2003 年在全国高师院校教育学专业中率先开设的专业课程，2008 年学院领导决定小学教育专业也开设《班级教育管理艺术》课程。目的在于培养具有一定实践能力的基础教育的班级管理者。教育科学学院的领导转变教育观念，从教学内容改革入手，大胆改革课程，加强实践性课程的教

---

① 柳清秀：《班级教育管理艺术》，中国文史出版社 2005 年版，第 3 页。

学，培养大学生的实践能力和适应性，凸显师范院校的特点，依据"师范院校和其他承担基础教育师资培养和培训任务的高等学校和培训机构应根据基础教育课程改革的目标与内容，调整培养目标、专业设置、课程结构、改革教学方法"的改革思路，[①] 开设了《班级教育管理艺术》课程，同时，由教育科学学院人力资源开发与管理研究室牵头，主讲教授、副教授、讲师和助教组成课题组立项研究，至 2008 年历时 6 年，出版了《班级教育管理艺术》专著一部，并经学校教务处批准作为教材，同时，发表了多篇研究实践性课程教学改革的论文，已形成独具特色的"1＋5 教学模式"，它是湖北师范学院教育科学学院实践性课程教学改革的新成果。

二 《班级教育管理艺术》课程"1＋5 教学模式"的确立及内涵

《班级教育管理艺术》课程"1＋5 教学模式"的实践，是在新课改理念的指导下，在多年的教学实践研究中形成的。它的形成有一定的理论基础，具有特定的内涵。

（一）理论基础

1. "以学生为中心"的教学理念

"以学生为中心"是源自西方教育哲学、经联合国教科文组织推广并在全世界广为传播的一种全新的教育理念。联合国教科文组织发表的《学会生存》报告在分析了教育的现状和未来发展之后，强调指出："未来的学校教育必须把教育的对象变成自己教育自己的主体。受教育的人必须成为教育他自己的人；别人的教育必须成为这个人自己的教育。"[②] 在高扬人的主体性和创造性的时代，实现教

---

① 孙娟、司晓宏：《怎样构建创新型教学》，《教学与管理》2003 年第 10 期。
② 钟启泉：《基础教育课程改革纲要（试行）解读》，华东师范大学出版社 2001 年版，第 13—14 页。

学模式的变革，就是要树立并落实"以学生为中心"的教育理念，提高学生的主体性。《班级教育管理艺术》课程的授课设计，让学生全过程参与，全面锻炼学生的临场经验，发挥学生的主体性，提高学生的实践能力，充分体现了"以学生为中心"的教学理念。

2. 自主学习理论

自主学习，是指在学习者内在动机的作用下，在学习活动之前自己确定学习目标，制订学习计划；在学习的过程中，自己选定学习的内容、策略、方式、时间和地点，自己控制学习过程、学习资源和物资设备条件；对学习结果能够进行自我评价，并对自己的学习行为进行调节和修正，以使学习目标最终实现。[1] 美国心理学教授齐莫曼（Zimmeman）认为："在实际的学习情境中，完全自主的学习和完全不自主的学习都是较少的，多数学习是介于这两者之间。"[2] "1＋5 教学模式"下的自主学习，不是学生完全的自主学习，而是在任课教师认真指导下的自主学习。这种自主学习更加具有针对性和有效性。

3. 合作学习理论

建构主义理论认为，意义建构不单纯指个人意义的建构，更要借助于反复的协商，即与他人进行广泛的交流、互动，形成一致的或共同的理解。要改变学生个体封闭式学习倾向，培养学生与人交流、沟通、合作的意识和能力，就要积极倡导合作学习。

从学习的组织形式上分析，合作学习是相对于"个体学习"而言的一个概念，是指学生在小组或团体中为了实现共同的任务，有

---

[1] 赵中建：《全球教育发展的研究热点——90 年代以来 UNECO 的报告》，教育科学出版社 1999 年版，第 420 页。

[2] 庞维国：《论学生的自主学习》，《华东师范大学学报（教育科学版）》2001 年第 2 期。

明确的责任分工的互助性学习。[①] 针对传统学习忽视同伴互助作用的弊端，合作学习特别强调合作互助的学习机制、合作动机和个人责任，是合作学习产生良好教学效果的关键。

合作学习将个人之间的竞争转化为个体之间的合作，有助于培养学生合作意识和团队精神；有助于因材施教，可以弥补一个教师难以面向有差异的众多学生教学的不足，从而真正实现使每个学生都达到发展的目标，为完成共同的学习任务而自觉合作，实现"互补"，达到合作创新、共同成长的目的。《班级教育管理艺术》"1＋5 教学模式"中的模拟教学环节是合作学习的最好例证。每组 6—8 人模拟解决一个班级教育管理中的问题，各扮演一个角色，展开模拟，整个模拟就是一个自主学习、合作学习和探究学习的过程，直至问题的解决。模拟完成后，无论是个人能力，还是合作和探究精神都会有实质性的提高。

《班级教育管理艺术》"1＋5 教学模式"将多种学习方式组合在一起，调动学生的学习兴趣和积极性。学生在不同的教学环节中，都表现出强烈的兴趣和创新意识。与新课改要求学生转变学习行为的精神密切联系在一起。

（二）《班级教育管理艺术》课程"1＋5 教学模式"的内涵表述

《班级教育管理艺术》课程"1＋5 教学模式"是在多年的教学研究中形成的独具特色的教学模式。这种教学模式是以学习者为中心，以课堂模拟实践教学为特色，以教育者导学为前提，以多种媒体教学资源为基础，通过理论讲授、学生动手设计、课堂讨论、课堂形象展现、课堂模拟和教育实习指导等活动，把理论知识与实践活动结合起来，从而培养学生具有较强实践能力的教学模式。《班

---

① 谢慧：《电大开放教育法学专业实践教学模式的构建》，《教学研究》2008 年第 4 期。

级教育管理艺术》课程"1+5教学模式"的实践，体现了湖北师范学院教育科学学院的人才培养理念与目标，通过强化模拟实践环节的教学，增强学生应用所学理论知识分析、解决实际问题的能力，从而培养理论与实践相结合，适应基础教育改革要求的新型教师和班级教育管理者。

三 《班级教育管理艺术》课程"1+5教学模式"的基本内容

所谓教学模式，一般是指在一定的教学思想指导下，为实现教学目标，围绕教学活动所建立起来的具有系统性、稳定性和可操作性的教学范型和活动程序。[①] 从结构要素看，它是由人的因素（教师和学生）、信息的因素（教学内容和物的因素）所构成的相对稳定的组合方式；从过程要素看，它包含了教学目的、内容、方法、组织形式和教学效果评价等多个方面。不同的教学模式因其特定的内在组合方式的不同而具有不同的功能。如果内在组合方式处于活跃的互动状态，则所有教学要素都被激活，这些要素就能最大限度地发挥应有的作用，教学模式就能发挥整体优化功能；反之，教学模式就会成为刻板的框架体系而缚住师生的手脚。[②]

纵观目前普通高师院校的课堂教学，绝大多数采用的是以"传递—接受"的教学理论和"刺激—反应"的行为主义学习理论为指导的单一的传统教学模式。教师是课堂的主宰，决定教学的内容、进度，学生是知识灌输的对象，成为被动的接受者。这样，一是忽视了学生的自主性，对于实践能力和创新精神、创新能力的培养不利。二是忽视了学生的个体差异，不利于因材施教，不利于发现学

---

① 谢慧：《电大开放教育法学专业实践教学模式的构建》，《教学研究》2008年第4期。

② 李秉德、李定仁：《教学论》，人民教育出版社1991年版，第45页。

生的不足，更不能充分地发挥学生的个性特长。

新课程理论也认为，教学本质上是以对话、交流、合作等为基础的知识建构活动，在教与学的社会关系中，师生之间不是命令与服从的关系，而应该是平等的交互式关系。新课改强调的是"自主、合作、探究"的教学方式，它呼唤与之相适应的课堂新教学模式的诞生。在新课改实践中，我们推出"以人为本"的科学性、艺术性、人本性相结合的课堂教学模式——《班级教育管理艺术》课程"1＋5教学模式"，构建了民主、交流、开放的课堂气氛，创建多维、有机、互动的教学模式，让课堂焕发出生命活力。

《班级教育管理艺术》课程"1＋5教学模式"中的"1"是指理论讲授，而"5"是指技能实践，是理论知识在实践教学中的具体应用，包括：学生动手设计、课堂讨论、课堂形象展现、课堂模拟、教育实习指导等5个教学环节。这些共同构成了《班级教育管理艺术》课程"1＋5教学模式"的内容。通过这种教学模式培养优秀的班级管理人才，实现教育科学学院"理论与实践相结合"的人才培养目标。

（一）理论讲授

理论讲授是《班级教育管理艺术》课程"1＋5教学模式"的开始环节。在这个环节中，教师重点讲解学科理论和方法，引导学生弄清教材的难点和教学内容中的关键问题，讲清思路，让学生自己作出结论，并注意训练学生的注意力、观察力、记忆力、思维力和想象力，促进学生深入了解教材，使学生更好地掌握教材的精髓。教师的理论讲解是在学生预习的基础上进行的，因而涵盖面较宽。所以，这一环节具有综合性、条理性和指导性，并为后面环节的开展提供了理论指导和教学范式。与此同时，它也给学生留下了一定空间进行理论创新与实践。

（二）技能实践

技能实践是指《班级教育管理艺术》课程"1＋5 教学模式"中的"5 种实践技能训练"，即学生动手设计、课堂讨论、课堂形象展现、课堂模拟和教育实习指导 5 个环节。

1．学生动手设计

这个环节根据班级学生人数，分成若干小组，然后进行设计。

学生动手设计，既是独立的一个环节，又始终贯穿于其他环节之中。它是学生根据任课教师对课题的布置，综合教学内容，围绕主题设计各种方案和活动并组织练习。在学生正式实践之前，教师给予一定的指导和答疑，但对学生的教学组织形式和方案不进行任何干涉与评价，以便学生能够充分展现其设计思想和设计艺术。学生手抄报的设计和课堂模拟步骤的设计都体现了这一点。

2．课堂讨论

课堂讨论，分为即兴讨论和非即兴讨论，这是课堂教学中最常见的一种师生互动的方法。课堂讨论，一般分为以下步骤进行。

首先，选择当前比较典型或热门的班级教育案例或问题，这些问题或案例具有典型性、真实性、疑难性、针对性、综合性强的特点。如中小学生的压岁钱怎么花、中小学生间矛盾的形成与处理等。

其次，分组讨论，撰写发言提纲，学生根据所学理论知识和实践经验，大家讨论发表自己的看法。由于在讨论时可能会有多种观点，以小组为单位做好记录。每组将组员的意见集中起来，形成本组意见。

再次，集中发言。即每组派一名同学上台，将本组意见作总结性发言。各组发言完毕后，由教师对本次讨论作补充评价，教学相长。只要教师精心组织，学生认真准备，课堂发言通常都比较踊跃；如果教师的点评针对性强，师生通过纵横的课堂交流，不同观点之间的碰撞与交织，学生既超脱了专业的限制，又学会了进行分析、评价案例的方法。

最后，课后网上延伸讨论。由于课堂讨论的时间相对有限，不少学生意犹未尽，任课教师可引导学生通过网上 BBS 讨论区发表自己对这些教育案例或问题的进一步看法。

3. 课堂形象展现

课堂形象展现，顾名思义，就是训练学生个体面对几十或更多的陌生面孔作自我介绍的一种教学形式。重点是把一个教师的形象展现出来，将美好的印象深深地留在同学们的心中，为今后开展教学或班级教育管理工作打下良好的基础。

首先，由任课教师介绍课堂形象展现的背景：你刚大学毕业，到某校上班，全体科任教师在班主任的组织下，向 50 名你即将给他们授课的小学、中学或高中生介绍自己家乡的风光、人文底蕴、社会背景、毕业院校、所学专业知识和特长等等，同时，要求个人必须进行才艺展现。

其次，要求若干人一组，分组进行展现。一般每个组有一周的准备时间，同学们查找资料，设计方案，制作成多媒体课件，课后进行练习、完善。

再次，展现过程：先由组长（班主任）作简单的开场白，接下来由各个组员（各科任课教师）分别来展现，展现时每组对教室做适当的布置，准备好多媒体课件。展现结束后，由下一组的一名同学作评价，现场给予反馈。

最后由教师评价，补充发言。

通过这种课堂形象展现来培养教师讲台形象、锻炼学生胆识和积累临场经验，效果较好。

4. 课堂模拟

现代教育心理学认为：当成年人在负有一定责任的角色中学习时，他的学习动机就更大，也就更为主动。课堂模拟是指一组学生根据角色分工，对教学理论和方法的理解与再现。它通过课堂模拟的形式，让学生深入真实的教学实践。一方面考查学生对教师讲授知识的理解程度和掌握水平，另一方面培养学生的教学实践能力。课堂模拟要求任课教师必须有丰富的实践经历和专业素养，才能保证模拟成功。

课堂模拟一般分为确定模拟内容、确定模拟角色、确定模拟目的、模拟组织实施、学生点评和教师总结六个步骤。

（1）确定模拟内容

依据学科性质和内容，确定模拟内容和主题。模拟主题不仅要与学科内容相联系，并且，是组成学科的主干内容。将主干内容抽出来模拟，便于学生掌握学科体系和记忆知识点，可以收到良好的效果。因此，确定内容是上好课堂模拟实践课的重要步骤。在《班级教育管理艺术》课程的教学中，我们以组建班集体、培养学生创造力、理想教育、学生自护防卫、化解师生对立和纠正学生特殊行为等为主题进行了多场课堂模拟。

（2）确定模拟角色

模拟角色就是指参与模拟实践课活动的人员，他是根据模拟内容来确定的。也就是说，确定了什么模拟内容，也就是确定了一定的模拟角色。因此，模拟角色与模拟内容是紧密联系的。参与模拟的角色，一次不能太多，一般6—8人为宜，每人充当一个角色，不能兼职，以便不同的角色站在不同的角度，进行符合自己身份的言行活动，体现角色特色。角色确定后，对角色要进行分工，使角色进入模拟状态，从自己的模拟角色出发，来思考在特定环境中所要进行的活动。比如模拟学生自护防卫这个内容。就要引导学生对这个主题的情境进行分析。这个主题的情境告诉我们：在复杂的社会环境中，当有危险或不安全的因素袭击中小学生时，模拟的同学将怎样战胜危险，进行自护防卫，将整个化险为夷的过程展现出来。那么，有的就要模拟反面人物，有的则要模拟正面形象，当然，有的还要模拟受害者等等。

（3）确定模拟目的

模拟目的就是模拟活动要达到的目标。模拟目的要根据学科性质、内容、要求来确定。一次模拟课，重在突出一个目的，不能将多个目的放在一次模拟实践课中来完成，以免影响模拟效果。例如模拟组建班集体，主要通过模拟，培养学生如何运用新的理念和方法产生班干部的能力，做好班级管理的第一步组建工作，积累经验后，也可以迁移到其他的组建工作中去。每次模拟都要确定明确的目的，依据目的来进行模拟，才能达到模拟教学的目标。

（4）模拟组织实施

模拟组织实施是十分重要的一个步骤。组织实施一般由教师介绍背景、程序安排、讲明目的、提出要求、学生模拟等环节组成。在这个环节中，学生是主体，充分展现模拟内容的专业性，模拟情节的过程性，解决问题方法的不同性和才艺展现的艺术性。所有学生都处在学习的兴奋之中！

在课堂模拟组织实施中，上述四个步骤是综合运用的，但在设计时，必须按四个步骤来思考。然后，按不同的内容分别写出每次课堂模拟的具体方案，并依据方案组织实施。

课堂模拟结束后，就进行当场评价。由学生和教师进行点评。它是课堂模拟实践课教学的继续，因而，就构成了（5）和（6）两个环节。

（5）学生点评

学生点评，是指学生通过对学习小组课堂模拟班级教育管理的某一内容的观摩后，分别交互进行评价的教学环节，旨在锻炼学生的评课能力，掌握评课技巧。它不仅使学生巩固了《班级教育管理艺术》课程的知识，而且，激活了学生运用教育评价学科的知识来衡量课堂模拟实践课的优劣。对当轮和下轮参加课堂模拟的同学有实质性的帮助。

（6）教师总结

教师总结是在学生点评的基础上进行的，主要是指教师对学生模拟《班级教育管理艺术》的某一内容进行评价。一般重点在总结组织过程的结构性、团队合作精神、模拟内容的专业性、才艺展现的艺术性和对学生点评的评说以及需要改进的地方。

通过教师的总结，使同学们在兴奋中结束当轮课堂模拟，引导同学们期盼下轮课堂模拟的进行。总之，每次课堂模拟都是在愉悦的气氛中结束。

5．教育实习指导

教育实习是学生经过大学三年的专业课学习、教师教育基本理论学习、教学技能的系统训练和考核后，全面地展示学生教师职业素质与能力的实战场所。

教育实习指导是《班级教育管理艺术》课程"1＋5教学模式"有别于其他实践课程的一大特色。通过《班级教育管理艺术》课程"1＋5教学模式"的实践，使学生能够较好地掌握中小学班主任工作的艺术，班级教育管理的工作理论、方法，正常开展班级教育管理工作。这些问题在教育实习这一环节中得到了回答。从教育科学学院实习生的反馈情况来看，在实习中，多数学生担任了班主任一职，充当班级管理者，参与到班级管理中来，都能将《班级教育管理艺术》课程的相关知识应用到实际的班级管理中去。并且，在教育实习环节中，任课教师还要对学生开展实习指导，真正做到课内与课外、理论与实践相结合。

教育实习指导主要分为现场指导、网络指导和电信指导。

现场指导，即《班级教育管理艺术》课程任课教师到学生的实习学校进行直接指导，时间大约在实习开始后的第3—4周，任课教师与学生现场交流解决班级教育管理中遇到的问题。

网络指导，即教师与学生通过电子邮箱、BBS论坛等进行交流，达到指导的目的。

电信指导，即教师与学生通过电话和短信的方式进行交流。这种指导既方便，又快捷，效果也很好。

总之，《班级教育管理艺术》课程"1+5教学模式"是一个整体，不可分割。需要任课教师长期坚持实践下去，不断地改进、丰富和完善。

第三节 《班级教育管理艺术》课程"1+5 教学模式"的评价①

《班级教育管理艺术》课程"1+5教学模式"是在长期的教学研究中形成的，在实践中受到教育科学学院教育学和小学教育专业历届学生的好评，是因为它适应了学生的实际需要，满足了学生求知的需求。任何事物都是一分为二的，既有好的一面，也有需要改

---

① 崔波、柳清秀：《浅析高校课堂模拟实践课教学的实施效果及问题》，《湖北师范学院学报(哲学社会科学版)》2008年第3期。

进的地方，在实践中进一步完善。

一　《班级教育管理艺术》课程"1+5 教学模式"的优点

通过研究，我们发现《班级教育管理艺术》课程"1+5 教学模式"具有以下四个优点：

（一）创造了理论与实践相结合的机会，避免了社会实践与课堂教学之间相脱节的矛盾，体现了"以学生为中心"的教育理念

以往的课堂教学主要是说教灌输式，老师理论讲授很枯燥，学生感到乏味和厌倦。而《班级教育管理艺术》课程"1+5 教学模式"，改变了这一教学现状，学生在实践的过程中，结合所学理论，创设合理情境把知识加以运用，这增加了课程的吸引力，使学生对课程学习表现出极大的兴趣，课堂教学充满了生气和活力，这种教学模式深受学生欢迎。在实践中学生变被动为主动，在熟悉、了解课程理论的基础上，通过课堂实践充分发挥自己的才能，在集体协作中解决问题，提高了学生理论与实践相结合的运用能力，解决了理论与实践相脱节的问题；同时，也避免了因将学生带入社会而需要的额外财力、人力与精力的投入，减少了教育经费的支出，提高了教学的有效性，在不增加教育投资的基础上，做到教育与社会接轨，培养学生适应社会的实践能力。

（二）强化了专业知识的学习，深化了对班级教育管理者角色的理解

整个课堂模拟实践教学都是围绕专业知识的某一点来展开的，因而在设计模拟方案的过程中，必须对理论知识有很好的把握，这就要求学生首先必须了解所设计的主题理论知识，然后还要查找参考书和资料进一步深化对该知识点的理解。利用这种情境模拟，虽然没有真枪实弹的场面，但对于学生所担任的角色，却多了一份深

167

刻的理解和体验，这种隐性知识的获得是课堂讲授所不能达到的。通过这种教学形式，使学生全面深化了对班级教育管理者角色的理解，并激发学生争当班主任的欲望。

（三）提供了展示自我的机会和相互学习的平台，提高了学生的实践能力

参加课堂形象展现、课堂模拟等教学活动，学生就不再只是倾听者，而是活动情境中的主角，可以通过所选择的角色向他人充分展示自己的形象、专业特长、人格魅力等。通过课堂模拟实践，学生的胆量、语言表达能力、组织能力、团队合作精神都得到了较大的提高，集体荣誉感进一步增强，实践能力得到了提升，这也是发挥集体教育影响的具体表现。

（四）有利于合作学习，培养团队精神

由于课堂形象展现、课堂模拟等是分组进行的，所以，一个小组的成员共同完成一项任务必须具有相互协作的精神。从开始的选材、设计思路到最后的课堂展现，将会出现意见不一致的地方，组长要有处理矛盾和冲突的能力，强调合作精神，实现团队合作目标。不能打击小组成员的积极性，而要充分调动他们的积极性，发挥他们的智慧和才能，增强团队合作精神。

二 《班级教育管理艺术》课程"1+5教学模式"的不足

尽管《班级教育管理艺术》课程"1+5教学模式"突破了传统课堂教学模式的局限性，取得了很大的成功，但它在实践中仍要注意处理好以下几对矛盾。

（一）理论讲授与课堂实践的矛盾

在课堂模拟中我们发现：如何在有限的课时内完成教学计划和教学目标，把理论与实践相结合是我们需要处理的关键问题；另外

就是讲授与模拟的先后顺序问题。如何处理这些问题？我们的原则是：在讲述基本理论和方法的基础上，选择可在课堂中模拟的课程的主干内容和重点内容开展模拟实践，要求师生在课外进行实践练习，在课堂进行模拟展示和现场评价。

（二）学生主体与教师主导的矛盾

在课堂模拟实践中，只有坚持学生主体与教师主导作用的统一，才能真正有效地开展课堂模拟实践课教学。如果在实践中，学生自行确定主题、确定模拟方案，完全脱离教师的指导，就达不到模拟效果；如果教师控制模拟活动的全过程，学生只是服从和执行，又淡化了学生的主体地位和主动性，影响他们创造性的发挥。所以，我们认为，在课堂模拟实践课教学中要充分调动学生的积极性，他们是活动的主体，教师只是创造条件、指导学生的模拟，实行一种宏观的教学监控；反之，课堂模拟可能会增加学生的负担，起到负面的教育影响。

（三）主题的确定性与展示的创造性的矛盾

课堂模拟实践的主题是相对确定的，但模拟实践是一种创造性的活动，它需要参与模拟的师生充分发挥自己的主观能动性，设计情境，解决相应问题。如何解决这二者之间的矛盾？我们的主张是：在坚持主题的确定性的基础上充分发挥展示的创造性，只要模拟的内容是围绕主题展开就是成功的模拟，最好能体现教材的内容，在此基础上也可以扩充新的内容，最好是具有普遍性和可行性。

（四）模拟条件与模拟效果的矛盾

虽然课堂模拟充分利用现有教学条件，相对于走出校园、进入社会实践锻炼而言，它的成本要低很多，但成功的课堂模拟实践活动也需要一定条件才能确保模拟效果的实现。但在具体的模拟实践中，由于大学现有条件的限制、时间的制约都会影响模拟情境的真实性和模拟效果。另外，就是模拟效果的反馈，虽然当场的评价会起到反馈、反思的效果，但教师和学生的评价大多注重小组的整体评价，缺乏对个体的具体评价。因此在可能的情况下，我们建议：把每次模拟活动刻录成光碟，这样便于学生自我反思、自我评价；也可以把不同年级、相同主题的模拟活动进行对比，同时，制作成实物资料，便于保存，可以成为教学改革的重要成果，具有推广和借鉴价值。

综上所述，《班级教育管理艺术》课程"1+5教学模式"的实践认真落实了湖北师范学院教育科学学院"理论与实践相结合"的人才培养理念，培养具有一定实践能力的人才教学模式，开创了湖北师范学院课堂教学改革的先例，拓展了高校课堂教学方法，丰富了教学论这一学科的教学内容和研究领域。《班级教育管理艺术》课程"1+5教学模式"适用于实践性较强的课程并具有真正的推广价值。

教育科学学院教育学和小学教育专业的学生，一般从入学到毕业，都非常关注学院的课堂模拟实践课教学改革的进程，他们通过观察、亲身参与《班级教育管理艺术》课程的学习，从而对湖北师范学院教育科学学院课堂模拟实践课教学有了更深一层的认识，激起同学们长期思考《班级教育管理艺术》的教学模式为什么能得到教育科学学院历届学生的肯定与好评？原因是它找到了改革的新思路，探索出了新的教学模式，适应了广大学生的需要。因而，教育科学学院教育学和小学教育专业的学生在实习中担任班主任工作，都表现出具有较强的班级管理工作能力，受到实习学校领导和教师的好评，对教育科学学院的教学质量也给予了充分肯定。

所以，教育科学学院教育学和小学教育专业的学生期盼湖北师范学院教育科学学院实践性课程教学改革研究的新成果——《班级教育管理艺术》课程"1＋5教学模式"的实践能够推广，为我国高师院校课堂教学解决理论与实践相结合的问题提供一定的理论与方法指导。

第四节　高师院校可持续发展课堂模拟实践课教学新模式及其特点[①]

高师院校课堂模拟实践课教学是一种新的教学模式。它以学生为主体，最大限度地调动学生的学习兴趣，让学生积极参与课堂模拟教学活动，打破了"教师滔滔讲，学生默默听"的传统教学模式，避免了社会实践与课堂教学之间的矛盾，从而有效培养了学生理论与实践相结合的综合能力。它是实现"教育走入社会"实践的新途径。

长期以来，高师院校课堂教学形成了教师按照既定的目标、内容、方式给学生灌输知识的固有模式。这样的教育必然会造成学生发展后劲不足。其主要原因是教育脱离了社会实践，因而，江泽民同志在谈到教育改革问题时指出"教育必须走入社会"，特别是作为教育顶层的高等师范教育更是要与社会需要相接轨，而解决这一问题的关键就是高师院校实践课的教学。由于传统观念认为高师院校实践课教学就必须走出校园、进入社会，才叫做实践。然而，在实践中又出现课时量不足、活动经费紧张以及效果不佳等矛盾，于是高师院校实践课教学就流于形式或者只是口头喊喊而已，却没有

---

① 柳清秀、关红辉：《高校课堂模拟实践课教学新模式及其特点探讨》，《当代教育论坛》2008年第6期。

真正付诸实施。因此，我们就需要探讨一种能够在高师院校课堂解决实践课的教学模式。我们把这种教学模式称为"高师院校可持续发展课堂模拟实践课教学新模式"。通过多年的教学实践，可以将这种教学模式概括为由"理论讲解—模拟课堂—学生点评—教师总结"等四个环节构成，各环节之间既密切联系又有区别，彼此之间互相制约、环环相扣，从而形成一个统一的有机整体。高师院校课堂模拟实践课教学新模式的四个环节的基本内容及要求如下。

一　理论讲解

理论讲解是高师院校课堂模拟实践课教学新模式的开始环节。在这个环节中，教师重点讲解学科理论和方法，引导学生弄清教材难点和教学内容中的关键问题，讲清思路，让学生自己作出结论，并注意训练学生的注意力、观察力、记忆力、思维力和想象力，促进学生深入了解教材，使学生更好地掌握教师在教学过程中的精髓部分。教师的理论讲解是在学生预习的基础上进行的，因而涵盖面较宽。它囊括了教师在教学活动中应该运用的教学组织结构艺术、教学启发艺术、教学语言艺术、教学板书艺术、教学提问艺术、教学幽默艺术等一切教学艺术。所以，这一环节具有综合性、条理性和指导性，并为下一环节——学生课堂模拟的开展提供了理论指导和教学范式。与此同时，它也给学生留下了一定空间进行理论创新与实践。

二　课堂模拟

课堂模拟是指一组学生根据角色分工，对前一教学环节的理论和方法的理解与再现。它通过课堂模拟的形式，让学生融入真实的教学实践中去。一方面考查学生对教师讲授知识的理解程度和掌握水平；另一方面也培养学生的教学实践能力。教师通过对特定课题的布置，让学生运用所学的理论对其进行充分的扩展与创新，在课堂模拟上进行讲解。在学生正式模拟之前，教师给予一定的指导和答疑，但对学生的教学组织形式不进行任何干涉与评价，以便学生能够充分地展现和表露其教学思想和教学艺术。对于学生而言，要想出色地完成好课堂模拟就必须充分消化上一环节中教师对理论知识的讲解、仔细领会教师在知识传授过程中所运用的一切教学艺术，对教师的优点加以传承，对教师身上所体现出的不足加以改正和革新。除此之外，还必须对教师所给的课题加以认真地分析，真正做到对课题从实质上加深理解和领悟。与此同时，同一课堂模拟小组的同学要加强合作，既统一分工角色，又分头行动，再将各自的思想加以整合，吸收精华、去除不足，真正做到求同存异、力创最好。整个课堂模拟的目的是使学生养成分析问题和解决问题的能力，培养学生运用理论指导操作的能力和在实践中的创新精神。同时，也培养了学生在集体中的合作精神和竞争意识，从而通过课堂实践，在一定程度上拉近了学生与复杂社会的距离，锻炼了学生的实践能力。

三　学生点评

　　学生点评是指学生通过对学习小组课堂模拟内容的观摩，让学生站在其自身的角度，运用所学的教育理论知识对模拟课堂进行当场评价的一个教学环节。相对于教师的直接点评，学生的评价更贴近于学生的实际，相对于传统的教学评价也是一种突破。传统教学评价没有正确认识课堂教学评价的作用，把教学评价本身当做目的与总结。其主要特点为：评价主客体单一、评价内容浅显、评价方式传统、评价作用甚微，具体表现为课堂中的教学评价活动仅限于教师对学生的评价。而且评价的内容仅限于知识的再现、回忆等。[1]而学生的点评更确切地说应该是一种过程性评价，它丝毫不涉及任何利益关系，而只是促进教学的一种有效手段。一方面，它为改善模拟课堂提供了理论依据，成为下一循环中学生模拟课堂水平进一步提高的实践范例；另一方面，它也提高了学生对课堂的整体把握能力、理论与实践相结合的运用水平，从而使学生自身的教学实践能力得到逐步提高。学生点评环节的目的是使学生养成独立思考和钻研理论的习惯，培养学生发现问题、纠正问题并在实践中运用所学理论解决问题的能力。它为下一环节"教师总结"提供了参考和依据。

四 教师总结

教师总结主要是指教师对理论回顾、课堂模拟点评和学生点评等进行概括性总结。

通过总结，首先，使学生把所学的知识进行整理，使之系统化、概括化，使学生能够融会贯通，在实践中能够灵活运用、举一反三，独立解决问题。

其次，站在教师的角度，以专业的眼光对学生的课堂模拟加以评价，对学生课堂模拟的优点加以肯定，并努力发现学生课堂模拟中的闪光点，以便增强学生教学的自信心。与此同时，对学生课堂模拟中存在的不足问题也要加以纠正，并以委婉的语气、充分的理由对学生加以讲解，使学生从内心接受教师的观点，并能在下次课堂模拟中改正。

---

[1]　孙娟、司晓宏：《怎样构建创新型课堂教学》，《教学与管理》2003 年第 10 期。

最后，教师对学生的点评也要给出自己的意见，以专业点评的眼光对学生的点评给予参考，对学生点评过程中好的观点给予充分的肯定，对学生点评中与自己意见不同的地方给出自己的想法与理解，与学生进行共同探讨，对于在课堂模拟上学生点评未曾涉足的地方，教师要加以补充和说明，以便使整个课堂模拟更趋完美。

教师总结作为整个高师院校课堂模拟实践课教学新模式的最后一个环节，它起着画龙点睛的作用，其目的既是对教师教学在理论与实践方面的总结，也是对学生在理论学习方面的要求和实践方面的指导，它有助于升华教师的教学方法，也有利于提高学生的理论实践水平和能力。因此，高师院校课堂模拟实践课教学新模式与传统教学模式——"教学思想、教学目标、师生关系、教学评价"①相比较，具有以下四个特点。

（一）最大限度地调动了学生的积极性

赖格卢特指出：教学模式常常是一组整合了的策略成分，诸如内容的特定排序方法、复习与总结的运用、举例运用、练习运用、激发动机策略的不同用途等，它是以一定的教学理论为指导，体现了在给定条件下最优地达到预期结果的一组处方。② 高师院校课堂模拟实践课教学新模式突破了"教师滔滔讲，学生默默听"的传统教学模式，它引导学生自我探索和自我实践，充分发挥了学生的积极性、主动性和创造性，体现了学生的主体作用和教师的主导作用的辩证统一，有利于培养学生的探索精神和实践能力。在高师院校课堂模拟实践课教学新模式的四个环节中，学生的角色不断地转变，从听课者到授课者再到评课者，在整个教育教学过程中一直居于主体地位，积极性和主动性都得到了最大限度的调动。

① 唐晓杰：《课堂教学与学习成效评价》，广西教育出版社2000年版，第4页。
② 盛群力、李志强：《现代教学设计》，浙江教育出版社1998年版，第60页。

首先，在"理论讲解"的过程中，学生作为听课者一改以往被动应付的局面，为了从教师的课堂上获取最大的信息量，以便能够更好地完成自己的课堂模拟，学生变得异常的主动和认真。

其次，在"模拟课堂"上，学生更是全神贯注、全身心地投入，尽其所能地将所学知识运用于实践之中，从而尽可能地展现给大家，因此课堂气氛异常活跃。

再次，在"学生点评"这一环节中，学生的思维更是高度地集中。一方面，他们希望自己的付出能够得到同学们的认可；另一方面，他们也希望从同学的点评中发现自己的不足，争取能够在下一次的课堂模拟中做得更好。

最后，在"教师总结"这一环节中，更是成为整个循环注目的焦点，一切成效与不足将从教师的总结中得以验证。在整个过程中，学生的注意力都集中于课堂，使其显得紧凑而有序。

（二）给教师的教学创造了新的反思机会

在传统的教学过程中，教师只是一味地讲解，至于所讲的理论知识是否被学生所接受，或者说其理论知识是否真正被学生运用到实践生活之中，根本就没有得到有效的反馈，特别是在高师院校课堂教学中，这一问题显得尤为突出。教师只负责知识的讲授，至于所讲的知识是否真正被学生所消化就不得而知。教师在教学的过程中也是一直沿用固有的教学模式，从开始到结束没有丝毫的改变。而高师院校课堂模拟实践课教学新模式则留给了教师新的反思机会和空间。

首先，学生课堂模拟开展得成功与否直接反映了教师所讲授的理论知识是否真正为学生所掌握，在学生的课堂模拟上也可以看出自己所教理论知识被学生消化的程度。

其次，学生课堂模拟的设计模式也给教师的教学提供了参考，有"青出于蓝而胜于蓝"的创新精神，在课堂模拟上，教师也可以从学生那里得到新的启发和感悟，进而改进自己以往单一的教学模式。在教师总结的过程中，不仅是对学生课堂和学生点评的总结，更是教师对自己整个教学模式的反思，这是一个对精华的吸收和对不足的改进过程，以便调整教师自己以往旧的不适应社会发展需要的教育教学模式和教学方法，从而在反思的过程中建立一套更加有效的既适合学生又适应教师自己的教学模式。

（三）避免了社会实践与课堂教学之间的矛盾

"教育要走入社会"并不意味着教育就一定要走出校园、走进工厂、走进实习单位，才叫实践。我们以为那只是教育走入社会的一种形式。这种形式却与学校规定的课时量发生了冲突，频繁的社会实践活动会直接影响理论知识传授的时间，进而打破了整个教学计划。除此之外，在财力、人力与精力方面都会出现了诸多的限制。其实，在课堂上、在学校内部也一样能够解决"教育要走入社会"的问题。高师院校课堂模拟实践课教学新模式就是实现这一要求的最好尝试。因为，"课堂模拟"作为整个实践课教学计划的一部分，贯穿于整个教学过程的始终，它将全体学生纳入实践锻炼之中，使每位同学都得到了锻炼的机会，提高了学生理论与实践相结合的运用能力，解决了理论与实践相脱节的问题；同时，它也避免了因将学生带入社会而需要的额外财力、人力与精力的投入，减少了教育的耗费，提高了教学的有效性，在不增加教育投资的基础上，做到教育与社会接轨，培养学生适应社会的实践能力。

（四）提高了学生理论与实践相结合的综合能力

我国推行的基础教育新课程改革的重点是推进素质教育，素质教育的重点是全面培养学生的创新精神和实践能力。因而，它对高师院校培养人才提出了新要求。要求高师院校的教育教学应与新课程改革相适应，培养与基础教育相适应的新型教师。所以，高师院校必须进行课堂教学改革。高师院校课堂模拟实践课教学新模式是应对这一要求的教学策略之一。在这种教学模式下，教学不是直接呈现给学生现有的结论、让学生单纯地去理解和记忆，而是让所有的教学内容问题化，让学生的思维在思索问题的过程中始终保持活跃状态。① 在课堂模拟这一环节中给予学生充分展现自身的创新精神和实践能力的舞台；在学生点评这一环节中，学生对课堂的评价同样也是一种创新精神的体现和对所学理论在实践中运用能力的再现。与此同时，在听别的同学讲授知识的过程中又一次得到提高。同学们完美的课堂模拟设计可以说是一笔宝贵的经验财富，使大家产生了一次心灵的震撼；同学们课堂模拟设计中的不足需要我们去改正。在整个高师院校课堂模拟实践课教学新模式中，使学生的综合能力与素质得到了全面的提高。

总之，从"理论讲解—课堂模拟—学生点评—教师总结"这一高师院校课堂实践课教学新模式来看，有使学生普遍耳目一新的感受，认为高师院校课堂模拟实践课教学新模式与传统教学模式相比较，又是一次创新与提高，赢得了学生的一致好评。高师院校课堂模拟实践课教学新模式在湖北师范学院教育科学学院教育学和小学教育专业中得到了认真的贯彻落实。一般来说，每门课安排5—6次模拟课堂，由学生分组依据教师指定的内容自主进行。所有学生至少模拟一次。学生在模拟中，一次比一次成功，一次比一次精彩，每一次都在原有的基础上有较大的提高，在学生中引起了强烈的反响。在学习的过程中，学生对理论的掌握较以往更加牢固，因为，自身经历了运用理论于实践并将其转化为自身认知结构的一部

---

① 孙娟、司晓宏：《怎样构建创新型课堂教学》，《教学与管理》2003 年第 10 期。

分，从而更加容易内化。

　　通过模拟课堂的实践，学生的实践教学能力、语言表达能力、理论知识的运用能力都有了一个质的飞跃，为学生更好地走入社会打下了良好的基础，它是实现"教育走入社会"实践的新途径。从而促进高师院校可持续发展。

第八章

高师院校可持续发展教育
实习新模式①

　　高师院校的教育实习教学环节，是由师范教育的实践性决定的。抓好高师院校学生的教育实习教学环节，是提高高师院校学生教育教学实践技能的重要途径。因此，高师院校应提高认识，加强学生的基本功训练，改革传统教育实习中存在的弊端，探讨解决其存在问题的方法，建立可持续发展教育实习新模式，完善教育实习质量监控机制，确保教育实习质量，为用人单位提供具有较高教育理论和教学实践能力的合格教师，从而促进高师院校可持续发展。

第一节　高师院校学生教育实习前的
基本功训练②

　　素质教育正在全国推进。高师院校要可持续发展，必须把自己

---

① 柳清秀、龚新琼：《高师院校可持续发展教育实习新模式探讨》，《黑龙江高等教育研究》2006 年第 1 期。

② 柳隽宇同志参加了本节的撰写工作。

的学生培养成具有师范特色的人才。在抓好师范大学生扎实的专业理论知识教学的基础上，同时应加强实践能力的培养。实践能力的培养不是泛泛而谈，应细化到具体的项目上，使受教育者有明确的实践项目，掀起教育实习前的大练兵——加强"六能"、"六会"和"三美"训练。从而提高师范大学生所应具有的竞争能力。

一 进行"六能"训练

所谓六能，是指能说、能讲、能写、能唱、能舞和能竞争与合作。

（一）能说

能说，是指分析问题，能提出自己的见解，让人接受；讲解课文，条理清楚，分析透彻，使受教育者轻松愉快地接受；与同学或他人交往自然，不怯场，不脸红，不害羞，不语无伦次和口吃。但能说应与闲聊胡扯区别开来。

（二）能讲

能讲，是指能在公众面前演讲和面对学生讲课，并且有一定的艺术性，语言生动，描述清楚，内容健康而丰富，观点正确而鲜明。整个演讲或讲课过程具有逻辑性，给人一种很有层次性的感觉，从而引起听众或学生的兴趣。但能讲应与狡辩区别开来。

（三）能写

能写，是指挥笔成章，熟悉多种文体的写作。无论是日常应用文的写作，还是进行教育科研论文写作，都能有效地表达自己的思想内容和观点。并且在行文和结构上都有一定的技巧，不是平铺直叙；内容或古或今，结构或横或纵，或二者的结合，纵横交错；行文方法或顺或倒，运用自如，且有时代性。

（四）能唱

能唱，是指在特定的环境里，为活跃气氛，开口就能唱上几句。即使唱不好，也不会使你在公众面前难堪。唱歌能缓解人的紧张心情，消除劳动和学习的疲劳。大学课间歌声可以起到这个作用。新加坡总理吴作栋曾说，他一直因为不会唱歌而感到难堪，他说学生们应当利用新加坡的多样化教育体制，开拓更多的创造性领域，培养学生的音乐才能。他在一次教师节集会上说："我上学的时候，学校里没有乐团，也不开音乐课。所以，我们从没有学过唱歌，也不懂如何欣赏音乐。在很多场合，这让人难堪。"他还说，他于1977年参加在泰国的东盟经济部长会议时，与会代表被邀请唱歌。马来西亚和泰国官员唱得很棒，但没有一名新加坡官员会唱。如今师范大学学生并没有开设音乐课，要开也只是以公共选修课的形式开设。选修者有限。师范生是未来的教师，教师不学习音乐，不会唱歌，将来怎么去适应新课改的素质教育要求呢？为了解决这个问题，高师院校应有计划地向师范生开设音乐课，同时，鼓励师范大学生在掌握基本乐理的基础上利用各种机会训练自己的演唱能力。如课间就是一个好机会。教师引导，学生唱主角。每次课间，由学生文艺委员安排好，学生、教师轮流歌唱。既可以独唱，也可以合唱。这样，既可以培养学生的演唱能力，又可以锻炼学生面对公众的胆量。从而缓解学生和教师的疲劳感，激起学习兴趣和教学热情。

（五）能舞

能舞，是指在特定场合中，能自如地与他人跳上几曲，转上几圈。男生不能见了女生就脸红；女生见了男生就心惊胆战。总之，当代大学生就要有现代年轻人的气质，多种与人交往的能力。

（六）能竞争与合作

能竞争与合作，是指在工作中，与对手既竞争，又合作。竞争是一种对抗性行为，合作是一种统一行动。只一味地进行对抗而缺乏合作，团体或个人就会受到孤立，不利于发展。因此，在竞争中要加强合作，要做到你中有我，我中有你。在思考自身利益的同时，也要考虑对方的利益。不能一切只想得"和"，而不得"零"。我们提倡取中间值，双方都获得利益。一个组织或个人应该学会合作，只有合作了，竞争才能继续进行下去。这是市场经济条件下一条颠扑不破的真理，谁违背了它，谁就会受到惩罚。在大学生中有一种错误的认识：在班级中，个体表现突出，不与其他同学合作，还美其名曰：大学班级的官是戏台上的官，不合作能把我怎么样？等我将来出去再与别人合作，也一样。要知道，持这种观点的同学，在学校已经养成了不合作的习惯，到了工作单位后，他还会说我在这个单位不想与别人合作，到另一个单位可以与别人合作。如果这样，他不与人合作的毛病就无法改掉，非遭挫折不可。浙江某市一名外科博士大夫，在优化组合中被组合掉了。原因是他无法与人合作。结果下岗半年，没有找到工作。后来，通过互联网联系，被美国一家研究单位聘用了。这可谓是因"不合作"而得福。但如果不吸取经验教训，他还会遭受更大的挫折。所以，高师院校要可持续发展，在教育实习前务必加强大学生的六能训练。

二　进行"六会"训练

所谓六会，是指会外语、会计算机、会管理、会学习、会交际和会应变。

（一）会外语

社会越开放，与人交往就越宽。特别是在教育逐步走向全球化的时候，外语也就显得格外重要。它是走向世界的重要交际工具，也是个人生存的重要工具之一。掌握了一门外语，就能使自己的生活质量逐步提高。可以在外资企业从事翻译、谈判、获取新信息等工作。广州市的的士司机，谁的"Hello"、"Good morning"、"Good affternoon"、"Good evening"喊得最响，谁接待外国游客就多，赚钱也多。所以，外语在开放社会里是十分重要的。广州市要求每位的士司机掌握100句英语日常用语，他们学习很积极，尽管发音带有浓厚的广州味，但的士司机们都拼命地"充电"，去适应市场的需要、现实的需要，多赚一把，开辟赚钱的新渠道。高师院校的学生掌握一门和说一口流利的外语，将会为就业增添竞争力量。

（二）会计算机

计算机从神秘的殿堂里走向了人们的工作、学习和娱乐之中。它已经成为人们工作、学习和娱乐生活的重要工具。特别是，我国中小学在2000—2002年内都要开设信息技术课，教师上课要用多媒体进行教学，而且这种势头发展很快。因此，作为师范院校的大学生，要克服一切困难，努力学习，掌握计算机技术。非计算机专业的学生应狠抓学习：文档处理、浏览新闻、上网通信、下载资料、制作课件等与教学相关的技术和一般软件的使用。在此基础上进行程序设计练习，逐步提高计算机理论和运用水平。

总之，要学会使用和操作计算机。如果到了大三还不会使用计算机，那就有问题。因此，师范大学生应加强对计算机的学习和运用。

（三）会管理

现代社会的三大支柱是技术、信息和管理。大学生学会管理是三大支柱之一。师范大学生是要当班主任的，面对几十个小伙子和姑娘，你怎样去管理他们、怎样组织、怎样发展、怎样形成班集体，顺利地引导他们去实现教育目标，这就要求师范大学生必须懂得班级教育管理艺术。经过班级教育管理艺术训练的同学，与没有经过训练的同学，都从事班级教育管理工作，但方法上就会完全不一样。前者自觉地运用班级教育管理艺术的理论、方法指导组建班级，发展班级，形成班集体；而后者则只能凭借实践去摸索，面对复杂的学生群体，有时就会显得无所适从，急需理论和方法指导自己的班级教育管理工作。还有，一旦当了校长或教育局局长时，管理显得尤其重要，这个时候，觉得什么知识都有了，就是管理知识有些不足，因此，要花很多时间去熟悉教育管理知识。这样，就会放慢对整体工作的部署和指挥。如果学会了管理，一上任就可以胜任工作，可以及时将工作推向一个新阶段。所以，在大学期间应学习管理课程，为将来发展需要的理论和方法做准备。

（四）会学习

会学习，主要是指学会拓展学习渠道和树立终身学习的观念。同学们在大学期间，要抓紧时间学会向老师学、同学学、书本学、传媒学，特别是网上学，不停地吸取新知识、新观念、新方法和新理论，不断地丰富自己的知识体系，根据需要，重新组合自己的知识结构，并为终身学习打下良好的基础。

（五）会交际

会交际，就是要掌握交际艺术，消除心理障碍，广交朋友。同学们要学会同各种人物打交道，特别是同自己的观点不一致的人打交道和共事，锻炼大将风度，不要小家子气。交际要避免"早晨投资，晚上得利"的极端功利思想。交际是一种财富积累的过程，只要平时做好了，到了关键时刻，就会有意想不到的收获。当你处在困难或遭受重大挫折时，别人就会伸出援助之手，帮你渡过暂时的困难，或者帮你排除障碍，使你获得新生等等，不一而足。因此，积极交际，广交朋友，是现代大学生要学好的一门重要课程。

（六）会应变

适应社会变化，在变化中求生存，是现代社会的发展规律。适应社会变化包括适应国际和国内变化。国际教育正在逐步全球化，国内教育也在产业化。因此，避免不了竞争与下岗。作为现代的年轻大学生不要害怕劳动转换，要相信自己有能力去适应这些变化，同时要正确推销自我，要能经受一定挫折的磨炼。推销自我应该如实反映和描述自己，切忌吹过了头。如，有的同学在求职自荐书上写道：

> 我风流倜傥，
>
> 我课堂里奋笔疾书，
>
> 我讲台上口若悬河，
>
> 我舞场上漫天飞扬，
>
> 我最大的官——0501班班长！

这几句话，既不像诗，又不像散文，与三句半相比又多了一句半，真可谓是不伦不类。这样就没有正确推销自己，文字介绍不恰当。

又如，某一大学生求职推荐书写道：

> 每当夕阳西下时，
>
> 枫树山下，
>
> 古亭之中，
>
> 我吹起愉快的笛声，
>
> 引来漫步者侧耳倾听，
>
> 立足观望，
>
> 时有喝彩；
>
> 演出台上，
>
> 我一曲《艳阳天》，

台下掌声一片……

如此高超的笛子水平，吸引了用人单位，顺利被一所高校录用。结果到了单位后，同事们请他吹一吹，他扭扭捏捏半天，才去翻箱倒柜，拿起一支缠满黑色胶布的笛子，吹了个"大海航行靠舵手，万物生长靠太阳"，还像杀鸡一样，用人单位大呼上当！

因此，正确推销自己是非常重要的，推销自我时，可以进行适当的文字加工，但不能吹过了头。吹过了头会给自己设置发展的障碍，使别人认为你在弄虚作假，甚至有可能被拒之门外。

会应变，还应正确对待挫折，不怕批评。遭受挫折后，更不能一死了之，应想办法去战胜它。这是开放社会中成员应普遍引起高度重视的问题。某高校新生军训，有一个学生在训练中动作不到位，教官要他单独做了几遍，他觉得丢了面子。于是，当晚跑了。学工部门组织很多人去找，直到深夜，才发现他在一个小山上转来转去。如果不是找得及时，还不知道会出什么事。这么一点点挫折就受不了，受了挫折之后，不是总结经验，想办法弥补，而是以消极的方式对待，真没有现代大学生的风度！

总之，会应变，就是要学会生存，在顺境中应有忧患意识，树立危机感，使自己始终保持领先优势；在逆境中，应设法去改变环境，求得生存，奋斗不止，战胜困难去争取胜利。所以，高师院校要可持续发展，在教育实习前，务必加强大学生的六会训练。

三　进行"三美"训练

所谓三美，是指字美、话美和形象美。

（一）字美

字美，主要指高师院校学生写得一手好字。它包括钢笔字、毛

187

笔字和粉笔字。字美要求书写规范、工整、刚劲有力；俊秀，没有蛇腰溜水之状。总之，漂亮好看。

（二）话美

话美，主要指语言规范，普通话标准，抑扬顿挫，娓娓道来，潺潺流水，悦耳动听，没有浓厚的方言。当然，也包括日常语言美。与人交流时，语言符合规范。无脏话、粗话、混话等。

（三）形象美

从外表给人一种良好的姿态或印象：端庄大方，稍有包装，但华而不丽，花而不妖，给人一种美的享受。总之，穿着打扮与身份和环境相适应。例如，中央电视台 2002、2003 年每天有一则广告：一位男士，穿白衬衫、黑裤子，拿一部手机向空中一扔，然后又跳起来接，大喊："妈！"然后，铃声响了，他眉开眼笑，一副温和的面孔对着手机，趴在物体上，双脚向后钩起，轻声细语地说："小丽啊！"

这则广告中的男士给人留下了深刻的印象。虽说有动作，但很自然，而不做作。我想不只是吸引了作者，也可能吸引了很多女士。因为，形象太美了。高师院校的学生就是要处处注意自己的形象美，体现教师职业的要求。因此，作者认为高师院校应在重视专业理论知识教学的同时，还应重视学生实践能力的培养，引导学生向"六能"、"六会"和"三美"方面努力实践，全面培养高师院校学生的综合实践能力，从而提高师范大学生所应具有的竞争能力。

四　对高师院校教育实习教学环节重要性的认识

高等师范教育在我国整个教育体系中处于重要的战略位置，是教育事业的"工作母机"，担负着培养各级各类学校合格师资的重要任务。师范教育水平的高低，直接影响到基础教育水平的高低，进而影响到高等教育、职业教育和成人教育的质量。因而，重视高等师范院校的教育实习，提高高师院校学生的实践能力是高师院校教育教学工作的重要环节，是高师院校学生专业教育和职业训练的重要组成部分，也是高师院校学生理论联系实际的重要形式，是培养合格中小学教师必不可少的实践性教育环节。

中国共产党和人民政府历来重视师范教育，早在新中国成立之前便有了师范教育的法制建设。1934 年制定的《高级师范学校简章》（二十条）规定："高级师范学校应以培养当时实际急需的初级短期高级师范学校教育、训练班级教员及社会教育与普通教育的高级干部；用马克思主义唯物辩证法的教育方法来批评传统的教育理论与实际，培养中小学的教师，以建立苏维埃教育的坚实基础；利用附属小学与成人教育补习学校进行实习，以实验我们苏维埃的教育方法为任务。"[①]（二十条）规定明确强调利用附属小学与成人补习学校进行实习，以实验苏维埃新的教育方法。

新中国成立后，国家仍然坚持师范教育的实践性举措，在不同年代对师范教育的指示中，仍然强调教育实习。教育部 1952 年 7 月颁布的《关于高等师范学校的规定》、1953 年人民政府政务院第 195 次政务会议通过的《中央人民政府政务院关于改进和发展高等师范教育的指示》、1963 年 8 月教育部发布的《关于高等师范学校教学计划的通知》、1982 年 3 月教育部发布的《关于印发师专教学工作座谈会有关文件的通知》、1994 年 3 月国家教委颁布的《高等师范学校学生的教师职业技能训练大纲》等一系列法规、文件都强调了在抓好理论教学的同时，特别强调教育实习教学环节的重要性。这是由师范教育的性质所决定的。因为，师范教育的实践性非常强，教师这

---

① 王泽普：《中国师范教育改革与发展研究》，广西师范大学出版社 2001 年版，第 191 页。

个职业并不是有知识就能胜任的，还必须有教书育人的技能与技巧，加工处理教材的能力，正确运用文字的能力，良好的接受和表达信息的能力，洞察学生心态、了解学生心理的能力等。因此，国家颁布的高等师范教育的法规、文件中，一般规定师范生在学校学习期间，必须分阶段先后到幼儿园、小学、中学去见习，了解研究儿童成长过程中心理是如何发展的，练习如何与学生接近与交往，使其愿意向自己吐露心声，观摩学习中小学教师的教育教学技巧，从中吸取教育教学技能，指导自己的教育教学实践，尽快适应中小学的教育教学工作，提高教育教学水平，增强管理学生的实践能力。[①] 2000 年教育部再次发文强调加强高等师范教育学生实践环节教学工作，提高高师院校学生实践能力。所以，我国高等师范院校都十分重视教育实习环节的教学工作。在目前，我国高等教育正从精英教育向大众教育阶段迈进，高师院校的学生人数越来越多，教育实习环节的教学是必不可少的。但是，高师院校传统的教育实习遇到了严峻的挑战，出现了一系列的棘手问题，如果不及时解决，那么，就会影响高师院校的教育质量，直至影响高师院校的可持续发展。所以，需要我们正视面临的诸多困难，运用正确的方法，采取有效的措施，积极处理教育实习中出现的新问题。

第二节　高师院校传统教育实习面临的严峻挑战

由于人民群众看到受过高等教育之后，发展前景较好，能找到

---

① 王泽普：《中国师范教育与发展研究》，广西师范大学出版社 2001 年版，第 37 页。

比较接近自己就业对口的工作，并获得较高收益，甚至可以改变个人的社会地位和家庭境况，因而，对自己子女受教育的期望值也在升温。"望子成龙"、"望女成凤"已成为人们的普遍心理，所以，产生了对高等教育的强烈要求。家长愿意出高价把自己的子女送到一流的大学学习。据上海城市调查队一项专题抽样调查表明：准备把子女培养成研究生的占 5.4%、培养成本科毕业的占 55.5%、培养成专科毕业的占 12.8%，总计有 73.7% 的家长希望把子女培养为大学生。[①] 国家连年扩招的举措满足了广大人民群众对高等教育的强烈需求。经统计，截至 2002 年全国共有 475 所高校招收师范类全日制本专科学生，其中，师范类院校 183 所、教育学院 34 所、非师范类院校 258 所。2002 年全国共有 140.2 万名师范类普通本专科在校生，其中师范类院校学生占 70%、教育学院占 2.6%、其他高校占 27.4%。[②] 国家对高等师范教育实习教学环节的要求，都要进行教育实习。可是严峻的现实给高师院校传统的教育实习带来了"教育实习选点难"、"教育实习食宿难"、"教育实习组织难"、"教育实习报账难"和"教育实习质量监控难"等五难问题。

一　教育实习选点难

教育实习选点难，主要由以下原因造成。一是传统的实习模式。大多数高师院校都在每年秋季集中进行教育实习，几个高校在同一时间到同一学校实习，造成实习学校多头接待实习生，无法安排。有的实习学校干脆只接收一个高校学生实习，其他一律拒收。二是选择实习学校标准高。一般选择条件好的城区或郊区学校进行实

---

① 范先佐：《教育经济学》，人民教育出版社 1999 年版，第 203 页。
② 董洪亮：《二百五十八所非师范院校培养师范生》，《人民日报》2003 年 12 月 25 日，第 11 版。

习。一般来说，边远地区和农村即使有条件好的学校也不会安排实习。三是实习学校担心"新兵"来后，因观念不同和教学方法上的差异形成的师生互动不同而打乱学校教学体系，影响学校正常的教学秩序。

二 教育实习食宿难

高师院校学生教育实习在精英教育阶段（20 世纪 80—90 年代）扩招前，由于当时学生人数相对较少，因而，不存在这一问题。反而实习学校组织学生列队夹道欢迎大学生到其学校教育实习，提供食宿条件，一般持续到 1994 年前后，都保持着一种良好的发展态势。大约到 1995 年，随着市场经济的发展，高师院校学生的逐步增加，大多数实习学校一改原先的态度，一致要求高师院校实习师生自行解决食宿问题，由高校自备床位。因此，有的高校在实习时要用大卡车运送床铺到实习点，给教育实习工作带来很大困难。导致这种情况的出现，主要有以下原因。一是基础教育与高中教育规模扩大，实习学校原有的教学设备、基础设施和硬件等严重不足，它们无法给实习师生提供食宿条件及办公用房。二是由于经济利益的驱动，基础教育扩招可以获得政府补助，高中扩招可以依法收费。因而，各实习学校努力挖潜，到处住满了自己的学生，使实习师生根本无栖身之地。因而，只好在实习学校附近租房住宿、办公，自行解决食宿问题。

三 教育实习组织难

传统的教育实习方法是根据"交通便利，食宿无忧，师资雄厚，校风纯正"的原则选择实习学校。然后，统一组织、统一安排、统一接送、统一支付经费、统一报账、统一指导。这在精英教育阶段是可以实现的，也是最为理想的。它便于集中管理，便于统一派实习指导教师，从备课、写教案到讲授、教态、提问、板书、布置作业和写学生评语等教师技能，都能手把手、面对面地指导，可以保证教育实习的质量。而在大众教育的发展阶段，一个高校一年就招生几千人，有的专业就招数百人，这么庞大的实习队伍，涉及的专业多，实习时间长，显然不能就近选点，而跨地区选点势在必行，这必然带来点多而分散，给传统的教育实习组织工作带来巨大压力和困难是不言而喻的。

四　教育实习财务报账难

数千师生进行教育实习，实习点少则几十个，多则几百个，而且跨地区进行。由校、院、财务处统一组织支付经费，先领款，然后凭借合法票据再由教务部门分管教育实习的同志清理审核，各种票据多达几千或上万张，分管教育实习的同志要用一两个月的时间清理核算清楚，然后到财务处去报账，结果经财务处业务人员审核后，发现许多不符合规定的票据不能作为报销凭证。这种情况长期困扰着负责教育实习的同志和财务处对实习业务的处理。每年实习一次，负责教育实习的同志在报账时都叫苦不迭。

五　教育实习质量监控难

在我国受过高等教育的人约占总人口的 2.53%。经统计，1998年我国平均每 110 万人中大学生数为 273 人，1999 年在 300 人左右（不包括成人高校毕业学生）。远远低于发达国家和发展中国家的平均水平。如每 10 万人中的大学生数，1994 年美国 5398 人，英国

3126 人，德国 2635 人，俄罗斯 2998 人，意大利 3134 人，日本 3139 人，埃及 1674 人，巴西 1094 人；1995 年加拿大 6984 人，法国 3617 人，澳大利亚 5401 人，印度 601 人，韩国 4955 人。中国 1997 年统计包括成人高校在内培养的毕业生每 10 万人中大学生为 504.4 人，1999 年统计包括成人高校在内培养的毕业生每 10 万人中大学生不到 530 人。① 由此可以看到，我国高等教育落后于世界发达和发展中国家。因此，我国政府加快了发展高等教育的步伐，从 20 世纪 90 年代末开始追赶世界高等教育而突破我国精英教育模式，逐步以扩招形式向大众教育阶段迈进，从而提高我国人口受高等教育的比例，以适应我国现代化建设对熟练劳动力和专门人才的需求。师范教育是我国高等教育事业的基础，加之，国家对教师职业的重视、工资待遇的提高、工作环境的改善和社会对教师的尊重，使教师地位逐步提高，从而吸引了广大有志青年报考高等师范院校，接受师范教育。对此，高师院校必须认识到在教育改革热潮中应探讨自身可持续发展的思路，抓好实现可持续发展的教育实习环节，保证教育质量。因为没有质量的供给是无效供给，不能促进师范教育的可持续发展，没有供给的需求是短缺需求，这种需求不可能构成促进师范教育的可持续发展的动因。所以，我们要保持高师院校的可持续发展，必须保证师范教育质量，加强教育实习环节质量监控，不能由于质量问题而危及我国整个教育事业和我们的子孙后代。但由于实习点多而分散，跨地区进行，在选派指导教师时再也不能按专业对口派出，因为扩招，教师严重缺编，课时量普遍提高，抽不出教师派到实习点，因而，只能是打破专业界限，挑选一些教学技能过硬的教师"跑点指导"，对非本专业的学生给予协调、

---

① 朱仁国：《构建新经济时代的中国高等教育》，南京师范大学出版社 2001 年版，第 208 页。

安全教育、基本教学技能指导。比如，备课前的准备、写教案、讲授技巧、听课方法、评价程序、批改作业、写评语以及教育实习纪律教育等。至于专业方面，则不能给予什么指导。这在较大程度上削弱了专业教师指导实习的效果。这是影响教育实习质量的一个原因。二是由于就业严峻，实习生在实习中要求实习学校指导教师给高分，提高评价标准，特别是部分自由选择教育实习点的学生尤其突出。实习学校教师也就做个顺水人情，放宽评分标准。因此，每年教育实习后，一般是90％的学生实习成绩都在90分以上，有的甚至完美无瑕，不能真实反映学生实习水平。三是虚假的教育实习评价，给实习学生带来了浮夸作风的影响，降低了教育实习的要求，实习学校给的成绩与学生实际水平不符，实践中难以重新认定。因此，传统教育实习质量监控难的问题普遍困扰着高师院校，需要我们认真探究解决的办法。

第三节　解决高师院校传统教育实习中存在问题的对策

高师院校传统教育实习面临五难的挑战，通过分析，我们基本了解了问题的所在，对此应拿出解决方案，改革其现状，建立可持续发展的教育实习新模式，完善教育实习质量监控机制，确保教育实习质量，使高师院校教育实习健康顺利进行，从而促进高师院校可持续发展。

一　联合建设实习基地，实现资源共享

上面提到，传统的教育实习时间一般在秋季集中进行，给实习

学校带来较大的压力，普遍难以安排下去。为解决这些问题，高师院校根据国家或当地政府职能部门的要求，纷纷建立自己的实习基地。湖北省教育委员会早在鄂高教（1999）011 号文件《关于进一步加强全省高等师范院校教育实习基地建设的几点意见》中就提出了明确的工作思路："提高认识，加强建设，改善条件，规范管理，优势互补，共同受益，建设一批示范性的教育基地，全面提高师范生的教育教学能力和综合素质，为湖北培养合格的中小学教师而努力。各市、州、县教委要把湖北高等教育师范院校建设教育实习基地当成一件大事来抓，要明确一名教委主任和一个业务科室（股）分管教育实习工作，并纳入教委议事日程。对经过评估，达到建设要求的示范性教育基地，省教委给予一次性奖励。"湖北省高师院校在此文件精神的指导下，确实建立了一批较好的教育实习基地。但都选择在一些较好的学校建设，使一个学校要接待几个高校实习，并都在同一时间安排教育实习。而一个学校的资源优势是十分有限的，出现了多个高校争夺某一个实习学校的局面。作者以为建设教育实习基地非常必要，但不应该是分散的一个一个的高校都在某一实习学校建设，而应该采取联合共建的办法，共同协商、共同投资，联合建设，错开时间进行实习，充分利用建设的实习基地，并形成一种模式。这种方法避免了互相争夺教育实习基地的矛盾，实现了高师院校教育实习横向合作、统一协调、资源共享，还节约了投资成本，是高师院校教育实习可持续发展的新思路，既符合高师院校的利益，又符合实习学校的实际，将会受到实习学校的欢迎。

二 改变单一的实习方式，实行多元的实习方法

传统的教育实习一般是单一的方式，集中在第五或第七个学期进行。这种方法正如上面所述存在诸多弊端，我们应该对其进行改

革，建设可持续发展的教育实习新模式，运用多元的实习方法进行
实习，以适应客观环境的需要。

（一）基地实习法

基地实习法，是指依托共建的实习基地，各高师院校错开时间
进行实习。避免几个高校同时到一所实习学校进行实习的矛盾，给
实习学校带来诸多困难。

（二）自主实习法

自主实习法，是指学生经组织同意其自行选择实习学校实习的
一种方法。这种方法的实施不是放任式地进行，而是由学生本人申
请，对方学校同意接受，学生所在高校批准，然后，学生带着实习
要求到所选学校进行实习。学生实习完后像集中实习学生一样带回
有效的实习资料。这种形式值得大力推广，它可以解决集中实习人
多点少的困难，但也要防止学生弄虚作假的事件发生，严防人没有
去对方学校实习，却拿回了有关实习的资料。这是要注意的。

（三）母校实习法

母校实习法，是指学生回到自己学习生活过的学校进行实习的
一种方法。现实生活中，每个学生都有母校——小学、中学、高中。
让广大的师范生回到母校进行教育实习，把学到的新知识、新理
念、新方法、新技术带回母校并传授给学生，从而实现高师教育直
接为基础教育服务的目的，同时还可以激发学生的成就感，增加学
生对母校的感情。

（四）顶岗实习法

纵观我国高师院校传统教育实习方式，可以概括为"单向的教
学实习，是师范大学恳求中小学支持、为高师院校提供实习基地的
教师培养模式，是大学只重视单一培养职能而忽略基于事实进行科
学研究、创新知识并服务于社会的职能的办学模式。从学生的角度

来看，有的实习也并不是真正的'临床'，只是短期的'蜻蜓点水'。师范大学单向培养学生，实习生仅在城区和郊区并不缺教师的学校实习，大学求中小学支持实习，'蜻蜓点水'式的实习难以培养师范生的教育技能，毕业时就业难"[1]。因此，高师院校教育实习应该扩大选点范围，到缺编的农村中小学顶岗实习。

所谓"顶岗实习，是指一批学生实习结束后，另一批学生还到同一学校实习，中间无间断，形成'铁打的营盘流水的兵'，实习学校缺编教师始终由实习生补充，这样只要有师范院校存在，这所农村学校就有充足的后备教师"[2]。这种方法的实施，可以为广大的师范生提供熟悉农村教育环境、了解农村教育情况和服务农村教育的广阔前景。因此，我们应该打破传统的单一的教育实习方式，建立可持续发展教育实习新模式，运用多元实习法，解决实习困难问题，提高师范生的实践技能。

三 学校下放组织权，形成层层负责制

教育实习工作的组织权，就现行情况看，师范大学、独立设置的本专科师范院校，一般都在学校。教学单位一般按照学校的安排执行，处于协助或服从地位。这种地位与过去未扩招前相应。扩招后，学生人数猛增，实习方法的多元化，其组织权力不应高度集中，而应该下放。师范大学应向学院下放权力，学院应向学系放权，独立设置的本专科师范院校应向教学单位放权。学校抓教学计划和统筹规划、提供经费保证、进行宏观指导与控制，而不要包揽联系具体的实习点和包车统一接送，这些具体的工作应由教学单位

---

① 张学敏：《师范教育能为农村教育做什么》，《中国教育报》2004 年 4 月 5 日，第 2 版。

② 同上。

组织实施，使学校教务部门的管理干部从繁忙的具体事务中抽出身来，对学校教育实习工作进行协调、监督、检查与质量控制，保证教育实习工作的顺利进行，从而促进教育实习质量的提高。

四　教育实习经费包干使用，简化财务报账手续

财务管理制度要求，经济业务发生后，经办人应取得合法有效的凭证。所谓合法有效，一般是指正规票据上同时具备多个要素。即取得凭证的名称、日期、单位或个人、经办人签字或盖章、收款单位名称、经济业务内容、数量、单位与金额。具备了这些内容，票据又是正规的（国家有关部门印制并盖有税务公章），报账时就符合要求。可是实践中，许多师生由于到处租房，向房主支付的房租、学生向实习学校指导教师支付的指导费以及向其他个体支付的费用等，拿回的都是"白条子"，而且五花八门，数量巨大。财务处面对这些"白条子"，不报吧，他们已经付了款，报账吧，财务检查老是提出"执行财务制度不严，用'白条子'充票据现象严重，应该整改"；除此之外，教育实习票据一个年级实习人员的数量就可达数千甚至上万张，无论是教育实习管理干部，还是财务处业务人员在审核时，都耗时、费力，工作效率低，感到非常困难。因此，应该进行改革，实行教育实习经费包干使用，简化财务报账手续，从而提高工作效率。

（一）确定教育实习经费包干使用标准

由学校根据不同专业的性质和特点，制定统一的政策，确定不同专业学生实习经费标准，并以红头文件形式下发到教学单位执行。

（二）简化报账手续

教学单位依据学校文件精神，造册到教务部门依标准审核签字，

然后凭审核签字名册到财务处领款，财务处将领款名册直接作为报账凭据，不需要凭师生拿回的票据再到财务处报账，以减轻教育实习管理干部的工作量和简化报账手续，提高工作效率。

五 完善教育实习质量监控机制，确保教育实习质量

用人单位对高师院校学生的教育实践技能要求较高，而高师院校学生的教育实践技能主要来源于教育实习环节。因此，这一环节的教学质量尤其重要。现实要求我们应该在原有质量监督的基础上，进一步完善教育实习质量监督机制，确保教育实习质量。要实现这一目标，可以从以下几个方面着手。

（一）定点指导

所谓定点指导，主要是指在学校所在地城区或郊区进行实习时，学校派出各专业指导教师跟随实习生进驻实习学校跟踪指导的一种形式。这种形式指导可以对口随时回答学生提出的问题和给予多角度的指导。

（二）建立巡导中心

所谓巡导中心，是指跨地区进行实习时，由于实习点多而分散，学校给每个实习点难以派出指导教师定点指导而采取抽调教师、按专业综合组合分片进行流动循环指导的一种形式。这种形式可以定期回答学生提出的疑难问题，但不能做到及时回答问题。

（三）委托指导

所谓委托指导，是指学生在分散进行实习时，由于学校难以派出指导教师给予指导，可以通过合同形式明确双方的权利和义务而由实习学校教师来指导学生实习的一种形式。这种形式要直接给指导教师支付一定指导报酬。它是指导学生实习的有效方法之一。

（四）电信咨询

所谓电信咨询，是指学生在分散实习状态下，学校未派出指导教师，在遇到问题时采用电话或通过 E－mail 方式向巡导中心询问解决问题方法的一种形式。它深受广大学生的欢迎。特别是通过 E－mail 方式指导实习的方法将会越来越受到实习生的青睐。

（五）信函咨询

所谓信函咨询，顾名思义，就是指通过写信向巡导中心询问解答问题的一种形式。当学生在交通不便的农村边远地区实习时，遇到问题就可以运用这一方法，及时得到巡导中心的帮助。

总之，建立新的教育实习质量监控机制，与多元实习方法相适应，充分考虑了多元教育实习方法下的多元指导形式，它是一种开放性的指导形式，可以基本满足采用各种方法的实习学生的需要，既可以实现学校教务部门对教育实习质量的宏观控制，又可以满足现实实习环境的需要，有利于教育实习工作的顺利进行，确保教育实习的质量。

综上所述，高师院校教育实习是由师范教育具有较强实践性所决定的，同时也是提高高师院校学生实践教育、教学技能的重要环节，因此，高师院校要在加强理论教学的同时，也要加强实践技能的训练，进一步提高对师范院校教育实习重要性的认识，克服一切困难，建立可持续发展的教育实习新模式，完善教育实习质量监控机制，确保教育实习质量，为用人单位提供具有较高教育教学技能的合格教师，从而促进高师院校的可持续发展。

第九章

高师院校可持续发展的多元就业观①

多元就业观是作者在长期观察、思考和广泛阅读中孕育形成的一种积极主张，并作过多次学术报告，阐述这种观点，呼吁它将成为高师院校指导学生规避就业风险的必然选择。

所谓多元就业观是指每个人以正确的人生观、价值观在多种择业问题中的综合反映，是人们对择业的目的、意义比较稳定的根本看法和态度体现。就业观正确与否，影响个体自我的认知，影响个体顺利就业的实现。在竞争激烈的社会里，单一的就业观已经不适应我国高等教育从精英教育过渡到大众教育阶段的就业环境，它要求高师院校大学生树立多元就业观，从多种就业途径中选择自身通过努力能够达到的目标而实现就业。

---

① 柳清秀、杨静：《多元就业观是高校指导学生规避就业风险的必然选择》，《黑龙江高等教育研究》2007 年第 4 期。

第一节 多元就业观的提出

一 严峻的就业环境孕育着多元就业观

据《黄石日报》2006年7月6日消息：2000—2006年，我国高校毕业生人数分别是107万、115万、145万、212万、280万、338万，2006年各类高校毕业生人数413万，而国家提供的岗位是有限的，这就构成了毕业与就业的尖锐矛盾。这是大众教育阶段的必然现象。由于人们就业观念尚未完全转型，普遍处在高投资应该高回报的认知阶段，形成高不成、低不就的就业状态，导致近几年每年都有数十万大学生毕业即失业，引起全社会的高度关注。它充分说明大学生就业问题是严峻的，已经形成了一种就业风险。特别是高师院校大学生更应有危机意识，不能只是选择一种就业途径实现就业，而应树立多元就业观，选择多种就业途径，实现就业。这种严峻的就业形势是作者提出多元就业观的孕育基础。

二 片面的就业选择行为催育着多元就业观

在高校有一种普遍现象就是考研。据统计，2004年全国考研人数为94.5万，2005年全国高达117万，2006年的考研人数将继续攀升，这在一定程度上反映了目前高校存在一个普遍问题：考研至上。考研成了当今大学生最流行的时尚，它已经由过去的一种行为变成了一种过程，由一个符号变成了一种象征，成为了一种让人魂牵梦绕的情结。考研是"千军万马过独木桥"的高考情形的重演。

对考研的投入，绝不亚于高考，甚至超过高考，造成这种现象的产生主要有两方面的原因：一方面来自学校的影响。考研录取率是衡量学校办学质量的重要标准，是教育部门评价学校办学水平不可缺少的硬件，是学校对外宣传的重要手段。所以，很多学校对考研格外重视，在新生刚入校时，不是进行多元就业观的教育，而是灌输唯有考研才光荣，唯有考研才有出路的思想，采取定名额、下指标的方法，要求学生立志考研；同时，对报考者给予特殊照顾和鼓励，一旦金榜题名，学校不仅给予一笔不菲的奖金，而且进行大力宣传。另一方面许多大学生受学校宣传的影响，不顾自身的实际情况，超越自身条件，盲目追求考研，因而形成了"考研热""就业冷"的反差局面。我们认为这种单一的就业指导观念是十分有害的。它将高校变成了考研阵地，而考研族们主攻考研课，缩小专业面，甚至放弃其他专业课的学习。其结果是少数人如愿，大多数人遗憾终身。考研不成，回过头来胡乱地抓一抓学习，慌忙毕业，落得个两头空。因此，我们不同意这种过分强调考研的单一就业观，应该予以纠正。同时提出树立多元就业观是高师院校指导学生就业的必然选择的观点。高师院校对此应引起足够的重视，正确引导学生树立多元就业观，多渠道、多途径实现就业。

高师院校学生在就业中，坚持专业对口就业，不对口则不就业，这种就业观念也应改变，转而选择多元就业观，实现就业。实践中的这种片面的就业选择行为催育作者提出了一种与之相反的观点的灵感。

三　生动形象的民间就业故事分娩出多元就业观

在民间流传着这样一个故事：某父亲有四个儿子，每个儿子的特点都不相同。其父亲在安排儿子就业时很有一套，根据他们的特点来安排职业，使儿子们各得其所。大儿子身材高大、结实，浑身充满力量，而且喜欢舞枪弄棒，其父亲就让他参军，保家卫国；二儿子脑袋瓜特别灵活，反应很快，能说会道，又精于计算，其父亲就让他做生意，从事经营活动；三儿子的腿由于得了小儿麻痹症而残疾，成为瘸子，走路不方便，其父亲就让他在家门口摆个摊位，搓草绳，打草鞋，自食其力；四儿子左眼有点毛病，似开似闭，类似木匠直木弹线的样子，其父亲就让他从事木匠活，也获得成功。故事说明，这位父亲在儿子们就业问题上，采取的方法是根据儿子们的特点来安排职业，而不是不顾儿子们的自身实际，叫三儿子去参军，保家卫国；大儿子去搓草绳，打草鞋……所以，作者经过长期地观察，深入地思考，广泛地阅读，在这位父亲安排孩子们灵活就业的启发下，分娩出多元就业观。特别应该说明的是，这位父亲在安排孩子们职业的时候十分注意运用多元就业观，多渠道、多途径实现孩子们的就业。

第二节　多元就业途径

树立多元就业观，选择多元就业途径，实现多元就业是高师院校对大学生进行就业教育的长期任务。只有常抓不懈，才能有较好的效果。因而，高师院校要可持续发展，不仅要能够将学生招得进来，而且还要送得出去，做到招生、就业两旺，那么就必须开展深入人心的多元就业观教育。

一　报考公务员，参加社会管理

所谓公务员是指依法履行公职、纳入国家行政编制、由国家财政负担工资和福利待遇的工作人员。① 它对大学生具有很强的吸引力。

中国自古以来就是一个"官本位"意识浓厚的国度，刚刚走向职业化道路的公务员依旧很吃香，对高校学子来说，公务员职业很有魅力：一是工作稳定，压力较小。据人事部统计资料，公务员流动率在 1.25% 左右，而企业人才流动率为 10%。二是良好的福利待遇。自从 1989 年以来，公务员不断加薪，虽然增幅不大，但频率挺高，现在各地公务员的薪酬在本地都处于较高水平。三是公务员的职业社会地位逐步上升。随着中国加入 WTO 以后，政府职能与办事方式将逐步与世界接轨，许多部门有较大的发展空间。因此，公务员的职业魅力使高校毕业生选择报考公务员，参加社会管理成为一种趋势、一种潮流。但是大学生在报考公务员时应结合自己的个性、兴趣、家庭情况等实际来选择报考公务员的类型、地区等，切不可随大溜，盲目报考。因为只有这样，大学生才能最大可能地发挥才能，进入公务员行列，实现参加社会管理的愿望。

二　积极参加选调，接受国家选择

从普通高校选调品学兼优的大学毕业生到基层锻炼培养，使之成为国家的基层管理人才是国家的需要。湖北省从 2005 年起，连续五年在全国每年选调 1000 名优秀毕业生到基层锻炼培养，已吸引广大毕业生踊跃响应。② 全国其他省市选调新招大学优秀毕业生到基层锻炼也层出不穷。因为，选调生是我党在新的历史时期，充实干部队伍、提高干部素质的重要途径。《人民日报》专门刊文指出，选调生是具有中国特色的干部选拔培养制度。作为新时代的大学生要

---

① 《中华人民共和国公务员法》，法律出版社 2005 年版，第 57 页。
② 赖德胜：《劳动力市场分割与大学毕业生失业》，《北京师范大学学报（人文社会科学版）》2001 年第 4 期。

具有吃苦耐劳的意志，要有到艰苦环境工作的思想准备，要通过多层次多岗位的锻炼来提升自身的素质。与此同时，国家为了鼓励大学生到基层工作，也相继制定了一系列的鼓励政策。2005 年 7 月，中共中央办公厅、国务院办公厅印发了《关于引导和鼓励高校毕业生面向基层就业的意见》的通知，通知指出今后县级以上党政机关补充公务员，应优先从选调生中选用。因此，积极参加调干，接受国家选择将成为大学生实现就业的理想途径。

三　应聘农村干部，改变农村面貌

党的十六大报告提出："完善村民自治，健全村党组织领导的充满活力的村民自治机制。"近年来随着农村各项改革的不断深化，全国农村村委会选举出现了新气象，各地平均参选率在 80% 以上，依法依规操作成为各地村委会选举的行动指南，而且进行了大量的制度创新。河南省鹤壁市政府近两年来在全市创造性地实施了"大学生村官"的计划，面向社会公开选拔优秀大学毕业生担任村干部。市政府在大胆使用的同时，也给予了优惠政策：乡镇机关缺编考录公务员时，从工作满 3 年的"大学生村官"中择优录用。"大学生村官"享受所在村干部职级待遇的同时，还相应地给予适当的生活补贴。任职三年以上、考核优秀的，可适当提高生活补贴标准或给予奖励。生活补贴由县乡财政统筹解决，这为广大毕业生提供了发展的机会。同时，广大毕业生应积极到农村服务，改变乡村面貌，开辟建功立业的新途径。

四　定期支边，谋求发展

定期支边的边即毕业生就业中经常提到的"边远省区"，指的是内蒙古、黑龙江、广西、贵州、云南、西藏、甘肃、宁夏、青海、新疆这 10 个地方。国家现行政策规定：对非边远省区的毕业生到边远省区工作，国家历来是鼓励的，边远省区对毕业生支边也是热情欢迎。目前，国家和边远省区对支边毕业生，除了授予荣誉称号等精神鼓励外，在工作安排和生活待遇方面都制定了一些比较优惠的政策。因此，大学生要及时调整就业观念，清醒地认识就业的严峻问题，摆正位置，到边区就业，从而谋求发展。

五 定期支农，服务基层

党的十六届五中全会提出了建设社会主义新农村的重大发展战略，提出新农村的标准为"生产发展，生活富裕，乡风文明，村容整洁，管理民主"。国家为了实现这一远大发展战略，一方面投入大量的人力、物力、财力支持农村的发展，另一方面，又制定相应的优惠政策鼓励大学生到农村服务。随着国家政策的落实，大学生思想观念的转变，高校毕业生到农村进行农业帮扶、文化帮扶、医疗帮扶、教育帮扶已如雨后春笋，形势喜人。从 2004 年起，湖北省开始实施"农村教师资助行动计划"，每年选拔一批优秀应届本科毕业生到农村乡镇学校任教，许多大学生都积极响应。这项工程在全国许多省份已经开展和正在深入地进行。选择定期支农、服务基层是当代大学生实现就业的一个明智决定。

六 当学校名师，服务教育

教学名师是教师队伍中的佼佼者，他们往往有自己的教育理念，具有匠心独到并广为人知的教学风格和教学艺术，或者身怀教书育人的"绝技"，不仅令学生佩服，也令同行称道，更是让世人和社会敬仰。他们是在教育教学实践中摸爬滚打出来的，因而，人人具有一身过硬的本领。据调查，教师职业仍然是未来社会中走俏的热门职业，名师更受青睐。[①] 对于大学生来说，要成为名师就要立志学习名师风范，即名师具备的素质：树立先进的教育理念，掌握深厚的教育理论，具备娴熟的教育方法和技巧，研究新课改，创造性地教书育人。同时，努力学习科研，成为科研型教师，进而成为一方名师，服务于教育。

七　进入职教，争当职教专家

2002 年全国职业教育工作会议的召开，发布了《国务院关于大力推进职业教育改革与发展的决定》的通知，加强了职业教育的领导和支持，职业教育规模进一步扩大，2005 年 10 月 28 日，国务院发布了《国务院关于大力发展职业教育的决定》，要求各部门落实科学发展观，把发展职业教育作为经济社会发展的重要基础和教育工作的战略重点。2006 年中等职业学校继续扩大招生规模 100 万人，力争经过几年努力，到 2010 年，使中等职业教育招生规模达到 800 万人，与普通高中招生规模大体相当，高等职业教育招生规模占高等教育招生规模的一半以上。高等职业教育的发展将会吸引大批高师院校毕业生去从教，而广大高师院校毕业生应该主动去应聘，积极进入职教，争当职教专家。

八　报考研究生，进一步深造

随着知识经济时代的到来，知识的使用价值已远远超过了物质

---

① 张敦福:《职场赢家》，山东人民出版社 2001 年版，第 114 页。

的使用价值，知识在生产力中的作用越来越大。因而，越来越多的大学生渴望在完成大学本科学习后进一步深造，提高自己，成为某一领域更为优秀的人才是部分大学生的正确选择，也是国家培养尖端人才的需要。但是要提醒大学生在决定是否报考研究生时须考虑三方面的因素：一是家庭因素，主要看家庭是否有经济承受能力。二是学生个人的意愿，大学生个人一定要对所报的专业有兴趣，对所报的学校、导师要有一定的了解，对自己要有充分的认识，正确定位。三是学习成绩好，特别是外语成绩好。这就需要大学生对自己进行正确的判断，绝不可以抱"一年等，二年看，三年彷徨，四年考研我也干"的随大溜的想法，以免造成"考研不成，专业学习也不行"的两头空的局面。这是广大考研学子要引起重视的。

九　自主创业，开辟新天地

大学生创业如今已经成为一种趋势，他们进行创业具有多种优势：第一，从宏观政策来讲，近几年来政府实行了创新工程，进行了体制创新和技术创新。相继出台了多种政策和措施，支持和鼓励大学生自主创业，欢迎出国留学生回国创业，这些举措为大学生投身创业提供了前所未有的政策支持。第二，从学校方面来讲，各高师院校相继开展了多种多样的大学生创业活动、课外科技发明大赛等，这些都为大学生毕业后进行创业奠定了良好的基础。第三，大学生群体创业者的文化程度普遍较高，如果他们能将所学专业技术与创业活动紧密结合在一起，学以致用，在技术创新上定能独树一帜。第四，初生牛犊不怕虎，大学生群体创业者的创业热情很高，干劲足，敢于战胜困难，去实现奋斗目标。因而，大学生自主创业，开辟新天地将成为一种趋势。

十 合伙开公司，成为老板

面对严峻的就业形势，不少大学生萌发了自己当老板的想法。与此同时，国家为了缓解就业的压力，也相继出台了一系列政策，鼓励大学生自谋职业。2005 年 10 月 27 日第十届全国人大常委会第十八次会议审议通过了新《公司法》，新《公司法》摒弃旧《公司法》"不同产业分别规定最低注册资本"的规定，统一将有限公司最低注册资本降至 3 万元；同时，新《公司法》大幅放宽了股东出资方式："股东可以用货币出资，也可以用实物、知识产权、土地使用权等可以用货币估价并可以依法转让的非货币财产作价出资。"这个政策的出台，为大学生开公司扫除了资金上的困难，对大学生们参加创业提供了有力的支持，他们可以利用自身的知识优势、技术强势自开公司或者与他人合作共同创造事业，成为老板是有可能的。

十一 从事一般技能劳动，实现先就业后择业

"皇帝的女儿不愁嫁"的时代已经过去了，用人单位抢要大学毕业生的火暴现场也暂时不会再有。根据教育部、人事部、劳动社会保障部联合提供的统计数据显示，2004 年 9 月 1 日，全国普通高校毕业生的平均就业率为 73%，超过 2003 年同期水平 3 个百分点。[①] 虽然比 2003 年有所提高，但是还有 27% 的毕业生没有就业。2004 年全国普通高校毕业生 280 万人，也就是说，还有 75.6 万大学生没有就业。[②] 与此同时，我国现在大学毕业生的供给每年以 33% 以上的速度增

---

① 赖德胜：《劳动力市场分割与大学毕业生失业》，《北京师范大学学报(人文社会科学版)》2001 年第 4 期。

② 赖德胜、吉利：《大学生择业取向的制度分析》，《宏观经济研究》2003 年第 7 期。

加，远远大于经济的增长速度，就业环境变紧在所难免。① 因此，大学生在进行职业选择的时候，要及时转变观念，不要将自己的期望值定得太高，实现先就业后择业，先从事一般的技能劳动，当一名普通的劳动者，同时要不断提升自身的素质，然后实现择业的目标。

十二　部队就职，服务国防

高素质人才培养，是我军干部队伍建设的当务之急。早在1997年，中央军委主席江泽民就高瞻远瞩地指出："军队干部要逐步走军队自己培养和依托国民教育培养并举的路子，从更大的范围选择高素质人才。""并举"之路的开通，为我军高素质人才的提高和培养，开拓了新的思路，提供了更为广阔的空间。为切实贯彻落实这一政策，中华人民共和国中央军事委员会主席胡锦涛同志、中华人民共和国国务院总理温家宝同志于2005年6月23日签署第438号令，公布实行《中国人民解放军文职人员条例》。《条例》的主要内容是面向市场招聘文职人员，参照事业单位同类岗位人员确定文职人员待遇。《条例》的颁布实施改革了我军力量构成和用人制度，不仅为军队充分利用社会人才资源开辟了广阔前景，而且为大学生提供了到军队建功立业的机会。那些渴望穿上绿色军装，成为英姿飒爽军人的大学生一定要牢牢地抓住机遇，不仅要及时了解国家相关文件政策，而且要多与有关部队和学校职能部门联系与沟通，取得真实可靠的信息，先人一步，就能获得成功的机会。

十三　掌握跨国经营技能，进行跨国谋生

20世纪80年代以来，世界经济出现了全球化趋势，如今，经

---

① 李苏：《对大学毕业生"有业不就"现象的思考》，《宁夏大学学报》2005年第6期。

济全球化和一体化已经成为世界经济的重要特征，跨国谋生也成为了一大潮流，越来越多的人到国外实现就业。实行跨国谋生，必须通过从事经营不可缺少的三项关键的技能学习：跨国沟通能力、跨文化理解和全球经营视野。跨国沟通能力是指要掌握一定的生存语言，要具有良好的团队合作能力、领悟力及判断力，要具有高度的敏感度，顺利与人沟通。跨文化理解是指要能够理解来自不同文化背景的人并与之实现有效的交往。全球经营视野是指从全球的角度进行战略思考，以更广阔的视野审视就业的机会和从自身的角度客观地分析各方面的条件。只要通过了这几项必需的技能学习，相信部分大学毕业生在异国他乡也能够创造出属于自己的一片辉煌。

第三节　实践多元就业观应突破
地理上的局限性

由上分析可以看出大学生就业不只是单一的考研一条出路，或者专业对口就业，而是有许多就业途径摆在大学毕业生面前。所以，要摒弃单一的就业观，树立多元就业观。树立多元就业观，最重要的因素之一就是在考虑选择多种就业途径的时候要突破地理上的局限性，否则，也只是一句空口号而已。因此，各高师院校就业指导中心要加强引导，纠正学生以下不正确的就业思想。

一　留省会，进大城市

随着经济全球化和一体化的进程不断加强，国民素质的提高和大学生人数的增加，必然导致就业层次的下移，这是社会不断进步的表现。很多大学生都愿意留在省会，进大城市，或者到沿海城市、发达城市，但是这些城市的需求是有限的，供给过大，造成供大于求。而省会以下城市，特别是农村、乡镇、县级城市、西部地区供给较小，甚至供不应求，大学生反而不愿意去。因此，大学毕业生要转变观念，到能够施展自身抱负的县、乡镇等农村去，建功立业，实现多元就业。

二　向南飞，不向西

"孔雀东南飞"在很长的一段时间里成为了全国就业的一种趋势，就业者宁愿到南方地区从事不满意的工作，也不愿意到西部去一展抱负。可是，随着国家西部大开发政策的贯彻落实，西部的基础设施的建设取得了令人注目的成就，青藏铁路、西气东输、西电东送、水利枢纽、交通干线等一大批重大项目的全面建设和投入运营，极大地改变了人们的生存环境。油路到县、送电到乡、广播电视到村三大工程的实施，也使农村地区的基础设施有了很大的改善。与此同时，为了鼓励东南部的人才到西部就业，国家提供了大量的优惠政策，为去西部就业者解除了后顾之忧；西部地区为了吸引人才、留住人才也出台了大量的优惠政策。作为具有新思想的大学生要抛弃旧观念的束缚，立志去西部一展雄才大略，干一番事业，书写人生历史的丰碑！

三　涌向东，不走北

由于地理上的原因，北方气温较低，不少大学生因此不愿意到北方就业。其实，这是一种比较浅见的看法。一直以来，北方各省市区都实行供暖体制，以保障北方城镇居民冬季日常的工作和生活。并且，建设部、国家发展和改革委员会以及财政部等八部委联合发出文件，从 2005 年开始，在北京、天津、河北、山西、甘肃等 15 个北方省市自治区开始实行供暖体制改革，以期体制更加的规范化、制度化。因此，大学生在进行择业时，以气候为由而放弃北方大好的就业机会，将是一个不明智的选择。大学生要以更广阔的视野来选择就业地区，克服困难，以更好地实现自己的人生抱负。

四 愿到中原，避边陲

随着西部大开发政策的贯彻落实、全国农村改革的不断深化及乡镇企业的迅速发展，全国基础设施建设取得了重大的成就，青藏铁路的建成通车，村村通电视、电话、广播工程的实施等一系列政策的贯彻落实，使偌大的中国变成了一个村，边陲地区不仅为广大毕业生提供了大量的就业机会，而且还为大学生就业提供了大量的优惠政策，为广大大学毕业生提供了一展才华的舞台。因此，大学毕业生应该到国家最需要的地方去、到最能施展才能的地方去，而不是只选择华中数省就业而避开边远地区。

五 最差选中县城度岁月，不愿下乡"闻鸡香"

改革开放以来，我国城镇化进程不断加快。"从 1978 年到 2004 年，城镇水平由不足 18% 提高到 41.8%，这表明我国城镇化已进入快速发展阶段。"① 城镇的建设加快了农村二、三产业的发展，拉动了经济增长，缩小了城乡差别，促进了城乡协调发展，同时创造出许多新的就业岗位。乡镇的企业需要大量的技术者去发展；乡镇的教育、文化需要大量的知识者去繁荣、去发展；乡镇的医疗、农业

---

① 摘自《中国教育报》2006 年 7 月 16 日，第 1 版。

需要大量的有专业技能的知识者去指导。可是，有些大学生就业最差也要选中县城混日子，也不愿意下乡"闻鸡香"。作为新时代的大学生应有责任也有义务为乡镇、农村的繁荣贡献自己的一份力量，到那里去创建一番事业。因此，树立多元就业观要克服地理上的局限性，才能从多元就业途径中选择就业。树立多元就业观不仅是高师院校指导学生就业的必然选择，也成为当代师范大学生必须面对的现实问题。为了实现更好的就业，大学生应密切关注国家宏观就业指导的政策导向。

（一）双向选择，自主择业

步入 21 世纪，我国的经济体制改革全面铺开，政治体制改革深入发展，教育体制(包括高校毕业生就业制度)改革也发生了较大的变化。2002 年 2 月 8 日教育部、公安部、人事部、劳动社会保障部发布了《关于进一步深化普通高等学校毕业生就业制度改革有关问题的意见》，《意见》要求进一步转变高校毕业生就业观念，建立市场导向、政府调控、学校推荐、学生与用人单位双向选择的就业机制，努力实现高校毕业生的充分就业。此文件标志着高校毕业生就业工作进入了双向选择、自主择业的新的历史阶段。高师院校毕业生要及时改变过去那种依靠国家、学校、家庭的做法，化被动为主动，早日为自己的将来做打算，顺利实现就业。

（二）鼓励独立创业，以实现就业

高校扩招带来了毕业生人数的急剧增长，国家为了缓解巨大的就业压力，相继出台了一系列政策鼓励大学生自主创业。国家劳动和社会保障部发出通知，要求各地劳动社会保障部门要为创业的高校毕业生提供创业培训、开业指导、咨询服务等一条龙服务。对高校毕业生从事个体经营的，有关部门应积极对其免征各项行政事业性收费。对其中有贷款需求的，要研究落实小额贷款担保或贴息。

我国出台的新《公司法》，它的最大特点就是允许一人开公司。这些政策为大学生进行独立创业，自己当老板提供了可能性，也创造了便利的条件。高师院校毕业生要抓住这一机遇，充分发挥自身的才能、鼓足干劲，立志创造出自己的一番事业。

（三）引导大学生到基层发展，成为国策型知识分子

2005年7月4日中共中央办公厅、国务院办公厅印发了《关于引导和鼓励高校毕业生面向基层就业的意见》，同时，为了吸引应届大学毕业生到西部地区、到基层和艰苦地区建功立业，国家相继出台了一系列的优惠政策：一方面到贫困边远地区工作的高校毕业生，可以提前定级，并根据实际情况适当高定工资标准。另一方面各级政府要为高校毕业生创造工作条件，规定在艰苦地区工作两年或两年以上者，报考研究生的，应优先予以推荐、录取；报考党政机关和应聘国有企业事业单位的工作人员，在同等条件下，应优先录用。作为新时代的大学生，一定要牢记自己的历史使命，去基层发展，到祖国最需要的地方去，踏踏实实地做人，勤勤恳恳地创业，相信大多数大学毕业生能够创造辉煌。

所以，树立多元就业观是高师院校指导学生就业的必然选择，也是高师院校学生面临的现实问题。高师院校毕业生应该积极行动起来，改变旧的就业思想，接受新的就业观念，通过多元就业途径实现就业，从而促进高师院校的可持续发展，进而促进高等教育事业的可持续发展。

第十章

高师院校可持续发展面试技巧综述[①]

高师院校的学生进入社会就业，都要接受用人单位的面试，因而，作者在实践中十分重视这个环节的教学。曾多次参加过省、市地方政府公务员的面试选拔人才工作，在学校跨院系作过数次面试讲座，还自行组织了一个由学生组成的面试团，配有一般面试的工具，按照用人单位对毕业生的要求，采用多种面试模式和类型，与相关学院合作，跨院系坚持对毕业生进行面试模拟训练并及时总结经验与不足，提高面试模拟训练效果，得到广大学生的一致肯定。同时还主要参考了张跃豪、马国栋先生编著的《就业状况调查与就业指导》、吴薇主编的《就业指导》等著作，受到很大的启发，并借用了一些提法。在此基础上逐步形成本章的写作。因而，比较口语化和趣味性。高师院校要可持续发展，就必须加强对大学生面试技能的训练，提高学生的面试水平，增强师范大学生的竞争力，帮助他们提高就业的概率。

---

① 柳隽宇同志参加了本章撰写工作。

第一节　面试的内涵及特征

面试是一种古老而历史悠久的选人方法。

古代皇帝选人是通过殿试进行的。汉文帝时，让被试者把自己的意见写成文章，加以密封，上报皇帝，由皇帝阅审，考查被试者有无辅佐之才。汉武帝时，对"策试"进行改进，一是把一些难度不等的政事经义等问题写出来，让对策之人取而释义，以观其文辞之高下；二是公开提问，当场对策，选拔贤良。这些都是通过面试来选拔人才。

古代战争时，是通过比武选拔元帅，统领将士出征，仍然含有面试的特征。现实生活中，媳妇见公婆也要进行面试；女婿要成为女婿就要通过见岳母、岳父并得到面试同意，才能确定女婿关系。马季先生有一段相声段子，讲一则笑话(作者有所修改)：

> 说的是某男青年希望去看望住院的未来的岳母，把女婿关系确定下来。但是，这个时候，他正在患耳病。他听不见别人讲话的意思，可是，别人能听懂他讲的话。那怎么办？他向他的师傅请教。
>
> 师傅告诉他说：那好办。看望病人无非是这样三句话。
>
> 一是见到病人就说："好点了吗？"
>
> 病人回答说："好多了！"
>
> 探病的人说："那太好了！"
>
> 然后，第二句话："请哪一位医生看的病呢？"
>
> 病人回答："某某医生看的。"

探病的人说："对，他的医术很高明。"

第三句话嘛，就问："吃了哪些药呢？"

病人回答："吃了什么什么药。"

探病的人说："那种药正适合你。"

师傅给徒弟传授了经验，徒弟高兴地到医院里去面试了。他一进医院就有些紧张，见到躺在病床上的未来的岳母就慌了神，开口就叫："妈！我来看您了！好点了吗？"

病人一听，气呼呼地坐起来，两眼盯着面前的这个人，说："我真的被你活活地气死！"

可是男青年脱口而出："那太好了！"

男青年接着说："哪一位医生给您看的病呢？"

病人气呼呼地回答："阎王爷！"

男青年说："对，他的医术很高明。"男青年接着问第三句话："吃了哪些药呢？"

病人回答说："什么药也没吃，就是吃了一包毒药。"

男青年高兴地回答："那种药正适合您！"

这种面试非常滑稽，是不会成功的，将会失去他心爱的人而付出沉重的代价！女方的母亲将是一千个、一万个不同意！如果是现代社会你就失去了一次有可能上岗的机会。

由此可以看到，面试从古到今都很重要。

一　面试的含义

在现代社会，面试是一个综合概念。它是指用人单位在一定的时间内，一定的场景下，通过某种或多种方式，来评判应聘者的素质和能力，从而决定是否给求职者应聘机会的一种程序。

举例（引用有修改）：

　　某著名公司正在招聘职业经理人，应征者云集一堂。其中，高学历、多证书、有相关工作经验者应有尽有。经过初试、笔试等4轮残酷的淘汰后，只剩下六名应聘者，但公司最终只需要选择一名作为本公司的员工。所以，这一轮公司的老板要来亲自主持面试。

　　面试马上就要开始了，主持面试的人开始清点人数，却发现多了一个人，有七个应聘者。于是，主持面试的人问："有不是参加面试的人吗？"这时，坐在最后的一名男子站起来说："先生，我第一轮就被淘汰了，但是，我想参加这一轮的面试。"

　　大家听他这么讲，都笑了，就连站在门口为人们倒水的老头子也似笑非笑的。主考官问："你连考试第一关都过不了，又有什么必要参加这次面试呢？"这位男子回答说："因为我掌握了别人没有的财富，我本人即是一大财富。"大家又一次哈哈大笑起来，认为这个人不是脑子有问题，就是狂妄自大。

　　这个男子说："我虽然是本科毕业，只有中级职称，可是，我却有10年的工作经验，曾在12家公司任过职……"这时主考官马上插嘴说："虽然你的学历和职称都不高，但是工作了10年还不错，不过你先后跳槽12家公司，这不是一种令人欣赏的行为。"

　　那位男子说："先生，我没有跳槽，而是那12家公司先后倒闭了。"在场的人第三次哈哈大笑。这时，一个考生说："你真是一个地地道道的失败者！"男子也笑了："不，这不是我的失败，而是那些公司的失败。这些失败积累成我的财富。"

　　这时，站在门口的老头子走上前去给主考官倒茶。这个男子继续说："我很了解那 12 家公司，我曾经与同事努力挽救它们，虽然不成功，但我知道错误和失败的每一个细节，并从中学到了许多东西，这是其他人学不到的。很多人只是追求成功，而我，更有经验避免错误与失败！"

　　男子停顿了一会儿，接着说："我深知成功的经验大体相同，容易模仿；而失败的原因各不相同，但没有人去学习，而它已经成为我的财富。"

　　男子离开座位，做出转身出门的样子，又忽然回过头来对主考官说："这 10 年经历的 12 家公司，培养、锻炼了我对人、对事、对未来敏锐的洞察力。举个小例子吧——真正的老板不是你，而是这位倒茶的老人……"

　　在场的所有人都感到惊愕，目光转而注视着倒茶的老头儿。那位老头儿诧异之际，很快就恢复了镇静，随后笑了："很好！你被录取了，因为我知道——你是如何知道这一切的。"

　　老头儿的语言表明他确实是这家公司的老板，这次轮到这位男子笑了！[①]

　　男青年凭借其对人、对事、对未来敏锐的洞察力，作出了正确的判断，并获得录取聘用的机会。我们就是要把这种技能教给我们的学生，让他们在职场上获得成功。

二　面试的特征

　　面试是在指定的时间、一定的情境中，用人单位与求职者进行

---

　　① 张跃豪、马国栋：《就业状况调查与就业指导》，中国劳动社会保障出版社 2004 年版，第 79 页。

面对面的交流，主动权在面试单位主考官一方，而应试者则处于劣势地位。根据现实中的不同面试特点，我们可以概括出它具有以下几个方面的共同特征。这种特征，通过以上案例分析也可以看出来。一般说，面试具有鲜明的情境性、直接的检验性、优秀人才的发掘性和残酷的淘汰性等四个特征。[①]

（一）鲜明的情境性

面试是在一定的时间内和情境下发生的，不同场合、时间、背景下的面试给人的感觉是不同的，因此，面试的时间、地点的差异，决定面试者成绩的好坏，主考官当天的情绪和个人的好恶，也会影响面试者的成绩。作为面试者，要耳听八方，眼观全场，注意细节，看清情境，适应场合，努力提高面试效果。

（二）直接的检验性

面试是用人单位对投递简历者的一种直接检验，由于简历是面式者填写的，难免有些水分，通过面试眼见为实，判断简历的自述到底有多少的可信度，从而作出对求职者的品格判断和能力判断。

（三）优秀人才的发掘性

面试是用人单位对求职者中优秀人才的一种发现方法。要发现求职者中的优秀人才，必须通过对其语言和行为的表现观察才能实现。如上例，被录取的男青年，连第一轮都没有过关，而他却来参加最后的面试，这一行为够人们思考、分析和琢磨的；在对话中，他所讲的非凡经历和体验，与其说是挫折，倒不如说是积累了丰富的社会经验，特别是他那敏锐的洞察力，准确无误地判断出门口倒茶老人是公司的老板。如果不通过对其语言和行为的考察，发掘性就难以体现。现实中，许多单位表示不挑最好的，只挑合适的。因

---

① 张跃豪、马国栋：《就业状况调查与就业指导》，中国劳动社会保障出版社2004年版，第62页。

此，用人单位主要通过对求职者面试中的语言和行为表现来选择最合适的员工。

（四）残酷的淘汰性

用人单位通过面试，一方面选择自己最合适的员工，另一方面残酷地淘汰单位认为不合适的求职者。因此，对面试者来说要紧紧抓住面试这个重要环节，不要轻易放过。教授师范大学生获取面试技巧是使其成功实现就业的重要途径。

第二节 面试的模式和类型

高师院校大学生掌握面试的模式和类型，有针对性地进行学习或模拟，通过对情境的了解与熟练掌握，体验注意的问题和恰到好处的发挥，将有利于提高实际面试的情境控制力、适应力和面试的有效性。

一 面试模式

面试模式一般分为两种，一种是单个面试模式，也就是个体面试的一种模式。另一种是群体面试模式，也就是多人一起参加面试的一种模式。分述如下。

（一）个体面试模式

分一对一和众对一两种方法进行。前者用于第一次面试，后者用于评价和最后决策。一般通过提问方法进行面试。提问分为以下几种形式。

标准提问法：程序化的提问，是把问题拟写在纸上的一种提问。

自由提问法：根据回答的满意度，考官们向被面试者自由提问的一种方法。

压迫提问法：考官们不断地向你提出难于回答的问题，使你处于紧张状态，从而观察应试者的反应和举止。

（二）群体面试模式

面试者和主考官均在三人以上，这种方法得到普遍的运用。其优点是：可以节约时间；体现公平、公正，避免个人说了算。面试的方法分两种：群体应答和集体讨论。

群体应答方式，首先由面试者各自进行"自我介绍"，而后依次回答考官问题。在这个阶段回答问题要有逻辑性，论证应有根据，反驳应有力量，大胆地发表自己的看法，不能"某某讲过了，我的看法和他相同"，这样被考官看成是附和，失去个性色彩；另外，当别人在回答问题时，不要露出轻慢、不屑一顾的样子，要尊重他人。不能为了突出自己而对他人的观点横加指责，恶语相送，此乃面试大忌也。

集体讨论方式，让求职者数人就某一问题进行讨论，考官对求职者在风度、教养、对问题的看法以及综合能力等方面进行考察，然后做出录用决策。

二　面试种类①

面试一般分为模化式面试、问题式面试、非引导式面试、压力面试和综合面试等几种类型。

（一）模化式面试

考官根据准备好了的题目和有关细节，向应试者逐一提问的一种面试。

---

① 吴薇：《就业指导》，华东师范大学出版社 2006 年版，第 125 页。

目的：观察应试者的仪表、谈吐和行为、分析问题、沟通的能力。

（二）问题式面试

主考官向应试者提出一个问题或者一项计划，请应试者来解决和完成的一种面试。例如，请你组织一次宣传学校或公司形象的活动。你将怎样开展？

目的：考察应试者解决问题的能力和完成任务的本领。

（三）非引导式面试

主考官海阔天空地与应试者交谈，应试者自由回答的一种面试。

目的：观察应试者的谈吐、知识面的宽窄和气质风度。

（四）压力面试

主考官向应试者提出一系列难以回答的问题，增加应试者回答难度的一种面试。方法就是针对某一个问题作出一连串的发问，不仅详细，而且追根刨底，直至无法回答，甚至刺激应试者，造成紧张态势。

目的：观察应试者的应变能力和机智程度。

（五）综合面试

通过多种方式综合考察应试者的能力的一种面试。要求应试者用英语同考官会话以考察口语能力；书写一段文字以考察书法情况；讲一段课文以考察应试者的演讲能力；计算机的运用；才艺展现等。

综上分析，高师院校大学生应全面掌握面试的模式和类型，并在教师的指导下，加强有计划、有目的和有效的训练，将有利于增加师范大学生面试的成功率。

第三节　面试进行中

一切成功都源自充分的准备。一个成功的面试不是碰运气得来的，而是平时的刻苦训练和努力的结果。只要平时进行了充分的准备，面试时就心里有数而沉着不慌，一切都在意料之中。所以，高师院校的大学生应该充满激情地走向面试进行中。

一　面试前的准备

广大师范大学生接到面试通知后，既激动又紧张，甚至害怕。激动，终于获得了面试的机会；但是又紧张，担心自己不能过关，害怕在面试的时候被淘汰。心情极为复杂。在这种复杂的心态下，必须重点考虑以下几点。

（一）对参加面试的单位作一个比较全面的了解

对通知面试的单位，不管是学校，还是企业、公司，都应该通过多种渠道，了解掌握它的过去和现在、未来的发展前景规划，单位的文化底蕴和发展口号，预先估计面试中可能碰到的相关问题。有了准备，回答起来就会胸有成竹，有可能得高分。

（二）把握好参加面试的时间

去早去晚，都意味着不恰当，这样出现在考官的面前，将会影响考官对应试者的看法，对面试不利，力求避免考官对应试者产生先入为主的印象。因而，要特意安排自己进场的恰当时间，不早不晚，提前几分钟进场比较合适。回答问题，紧扣主题，抓住重点，层次清楚，干净利索，不拖泥带水，在规定的时间内回答完毕，给主考官留下应对思维敏捷、回答正确的好印象。

（三）自我鼓励，树立必胜的信心

从心理上战胜别人，怀着一颗纯洁的心去面试，不带着强烈的心理负担去面对，力求在心理健康上战胜他人。坚持我能行，我很出色，我一定能成功的信念去应对。这是一种获得成功的策略。

（四）掌握面试的基本内容是关键

"凡事预则立，不预则废"是告诫人们要把事情做成、做好，都要在事前做好准备。考虑面试单位用哪些内容来考察应试者，是每个应试人员都要掌握的关键问题。因而，在面试进行中的准备阶段要特别关注。请参考以下面试中常见的问题，也就是用人单位用来考查应试者的基本内容。

二 面试中常见的问题

面试中常见的问题或内容，一般分为三类。一类是一般问题或内容；二类是业务与能力问题或内容；三类是其他相关问题或内容。现分述如下。

（一）一般问题或内容

（1）请你先介绍一下自己，控制在 5 分钟以内，并能用实例说明问题。

（2）你的长处是什么？你最大的弱点是什么？

（3）你为什么愿意为本校或本公司工作？

（4）你认为本校或本公司为什么要聘用你？

（5）在你看来，我们学校或公司为你的职业生涯规划应提供一个怎样的环境？

（6）你觉得 5 年后本校或本公司将会是什么样子？

（7）你对薪酬的希望是多少？

（8）如果你未被录用的话，你怎么办？

面对这类问题，应试者多提几套解决的方案，以体现思维的敏捷和多元性。

这是一般学校或公司设计的问题或内容。

（二）业务与能力的问题或内容

在面试的实践中，面试单位提得最多的问题属于以下几种。

1．业务能力问题

主考官提出一些相对专业的问题。有的认为太简单，考官不是专业人士，没有引起重视，回答漫不经心，所以，掉入考官的陷阱。

2．对自我的认识问题

主要是正确定位问题。既不能过高，也不能过低。人们往往在描述自己时总是突出自己的优势，而隐蔽自己的劣势，回答不真实。如果你过高认识自己，与用人单位优势不一致，则有可能不被录用，如果隐蔽自己的劣势，则用人单位认为不诚实，也有可能不录用你。所以，要正确认识自我。在介绍中，既要实事求是，又要有一定的包装，并且恰如其分，不要过头，让主考官听起来与应试者的行为和言语基本相符。

3．如何解决与领导、同事之间的矛盾问题

从团队精神出发，采取中庸的方法来回答，两边都不得罪。回答问题时，突出团队精神为主是回答这类问题的最佳方法。

4．如何发挥自己将来工作的优势

从自己的实际出发，实事求是地列举将来工作的优势，对未来工作的希望等方面回答。

5．要求角色模拟

当主考官认为你符合学校或企业的要求时提出一个问题，让你充当一个角色，对这个问题进行解决。看你有多大的自由发展空间。遇到这类问题，应试者应很快进入角色，就问题提出计划，安排实施，进行纠偏和总结等方面回答。

6．其他相关问题

请谈谈你的家庭情况好吗？

你有什么业余爱好？

谈谈你的一次失败经历行吗？

你为什么选择我们学校或公司？

对于这项工作，你有哪些预见的困难？

如果我们录用你，你将如何开展工作？

你能为我们学校或公司做些什么？

你是应届毕业生，缺乏经验，如何胜任这项工作？

你最崇拜谁？

你的座右铭是什么？

你希望与什么样的上级共事？

你能谈谈你的真实缺点吗？

与上级意见不一致，你怎么办？

我们为什么要录用你？

……

公务员面试、教师面试和研究生面试还由于该性质不同，分别应注意以下问题。

公务员面试，应该从宏观上考虑国际和国内形势、重要事件的发展趋势以及国内重大政策的出台等问题，并且能基本回答有关问题。

教师面试，还应该重点考虑新课程改革的基本精神，并且能够回答与新课改有关的问题。

研究生面试，还应该考虑学科表述的逻辑性、专业兴趣、知识

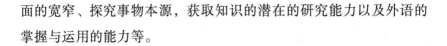

面的宽窄、探究事物本源，获取知识的潜在的研究能力以及外语的掌握与运用的能力等。

三 面试礼仪[①]

礼仪是人的内涵和外在气质的反映。从根本上说，一个人的内涵决定了一个人的礼仪表现。有的人比较势利眼，自以为自己来自大城市，见过世面，瞧不起农村来的同学，有时同乡来了爱理不理的，表现出一副谁欠他似的态度；有的眼睛长在头上，见人爱理不理的，一副傲慢相，这些坏习惯一旦养成，在面试时很难刻意地隐藏起来，往往不经意地流露出来。这种人在面试时不是摆着清高的面孔得罪人，就是一味怕得罪人，见了人就点头哈腰，面带假笑，眉间流露出卑微的神态。

其实，学校或大企业的员工都是来自四面八方的奋斗者，不一定来自大城市。这些人不仅有乌龟精神，懂得锲而不舍，知难而上，更有后天学习和磨炼出来的兔子腿，是那些大城市里娇生惯养的"温室兔子"无法比拟的，所以，当初被嗤之以鼻的同学也许日后能成就一番大事业。因此，在面试时要特别注意自己的风度。

（一）面试着装问题

能给人美观、简洁、干净、大方的印象就行。不一定要穿名牌，更不要穿奇装异服，袒胸露背，显大腿。

女性：不要穿得太露了，按季节穿衣；化妆要越淡越好；香水不要喷得太多；衣服色彩一般淡雅一些，不要太红，也不要太白。

男性：以西服为主，深色配以浅色衬衣和稳重型领带最佳。领

---

① 张跃豪、马国栋编著：《就业状况调查与就业指导》，中国劳动社会保障出版社2004年版，第73页。

带结要结实，下端不要长过腰带；皮鞋要擦亮，修理头发，刮净胡子；随身带个手包或公文包，不要提个薄膜袋子、农用袋子、纸袋子。

特别提醒大家：胖人不要穿横格子的衣服，显得更胖。穿竖格子的就显得瘦一点。

（二）进、出门礼节

进门要敲门，出门要告别是一个常见礼节。

敲门要有节奏，不要急促；也不要时间太长，让人家觉得你没有连贯性。更不能用脚去踹，一般是"哐哐哐"三声。听到主人"请进"的声音后，才能进去。

进门应选择恰当的时候进去。早了，坐在那里不自在，傻乎乎的，还影响别人谈话和工作；进晚了，不礼貌，浪费了人家的时间。

进门后，不要总是站着，在主人的允许下落座。入座时注意，不要过于客套。不要主人叫你坐，你不坐，还不停地让主人先坐。坐的时候，不要将椅子坐满，坐三分之二，不要躺在椅子上或沙发上，不要跷起二郎腿，不停地摇啊摇。应该自然落座。

面试完了，离开时要与主考官们打个招呼：谢谢，再见！

（三）要学会与对方握手

握手握得好，可以产生对你的好感。握得不好使人讨厌。用力不重不轻，微微抖动，而不是摇动；握手时间不能太长，久久不放开。有女同志在场也要跟她握手，一般从伸手到握手、微动和放开，大约3—5秒钟。

（四）选择机会递名片

现在校园里的同学兴起了印精致的名片的热潮，在招聘中、面试场合与相关人员交换。但递出名片后，回报率不高，据有关报道

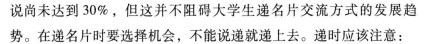

说尚未达到30%，但这并不阻碍大学生递名片交流方式的发展趋势。在递名片时要选择机会，不能说递就递上去。递时应该注意：

对方双手拿着东西不递；

对方转弯180度不递；

对方阅读不方便不递；

对方情绪不稳不递；

与对方没有说上话不递；

……

总之，选择适当的时候双手递上。

（五）面试中的语言表达

做到谈吐清晰，语言简洁，不拖泥带水，更不能抢对方的话题；一般不直接反驳考官的话题，除非要你反驳，才用反驳语言交锋。

（六）肢体语言的运用

面带微笑，表现出友好、和善的样子；讲话时，不要像放机关枪，没有音节停顿；看对方，不要两眼呆滞地盯住对方不转眼；手脚配合自然，无多余的动作。

（七）喝水礼仪

要慢慢地喝，不要大口地灌，还咕咚地响；杯子放远一点，以免碰倒，否则不是湿了文件，就是湿了桌面、地面，都不好。

四　面试应注意的问题

恰当运用肢体语言，展现自然大方的仪表形象是所有师范大学生在实际面试中都要注意的。

个体良好的肢体形态，自然大方的仪表形象，在面试中十分重要。过于忸怩、胆怯和多余的动作，将会影响面试成绩。在面试中穿戴与环境协调，肢体形态好看，动作自然大方，给考官留下深刻印象。一般说，以下动作是要避免的。

（1）拍脚。单拍，双拍。

（2）摆腿。单摆，双摆。

（3）搔耳、抓头、摸脸、揪鼻子、掏鼻孔。

（4）伸舌。讲话前、讲话中、讲话后为缓解紧张，突然伸出舌头。

（5）翻眼。朝天翻，向前翻，左右翻。

（6）斜肩。左斜肩，右斜肩，左右换斜肩膀。

（7）发抖。由于面试过于紧张，浑身发抖而不能自控。

（8）插手。向左右怀里插，向两个袖口里插。

（9）飞吻动作。先用左手或右手捂口一吻，然后向前一甩，再回答问题或离开现场。

（10）低头、躬背、手扶膝盖、仰靠、傻笑等都是要注意避免的。

综上所述，面试的技巧千姿百态，多种多样，讲起来容易，做起来难。在实践中可能更加复杂多变。但有了这个基础知识，请同学们三个一群，五个一组，课后加强练习，就可以应付实际情况的多变。我们相信高师院校的同学们在面试的时候，一定能够以优异成绩与竞争对手一同进入企盼已久的现代组织，创造出辉煌的业绩，实现人生价值，从而促进高师院校的可持续发展。

主要参考资料

1. 王泽普：《中国师范教育改革与发展研究》，广西师范大学出版社 2001 年版。

2. 吴志宏编著：《新编教育管理学》，华东师范大学出版社 2001 年版。

3. 朱仁国主编：《构建新经济时代的中国高等教育》，南京师范大学出版社 2001 年版。

4. 靳希斌：《市场经济大潮下的教育改革》，广东教育出版社 1998 年版。

5. 房剑森：《高等教育发展论》，广西师范大学出版社 2001 年版。

6. 柳清秀：《高校人力资源管理》，中国文史出版社 2004 年版。

7. 于富增：《国际高等教育发展与改革比较》，北京师范大学出版社 1999 年版。

8. 韩延明：《大学教育现代化》，山东教育出版社 1999 年版。

9. 王汉澜：《教育评价学》，河南大学出版社 1995 年版。

10. 薛沛建等编著：《高校后勤社会化全球视野》，华东师范大学出版社、北京师范大学出版社联合出版 2000 年版。

11. 世界环境与发展委员会：《我们共同的未来》，世界知识出版社 1989 年版。

12. 程振响、刘五驹：《学校管理新视野》，南京师范大学出版社 2003 年版。

13. 陈永明主编：《国际师范教育改革的比较研究》，人民教育出版社 1999 年版。

14. 石鸥、刘丽群：《课程改革中的若干问题》，广东教育出版社 2004 年版。

15. 肖川主编：《教师：与新课程共成长》，上海教育出版社 2004 年版。

16. 王义堂、田保军、王硕旺编著：《新课程理念与教学策略》，中国言实出版社 2003 年版。

17. 曾洁珍编著：《国内外教育改革动态》，广东高等教育出版社 2001 年版。

18. 顾明远主编：《挑战与应答：世纪之交的中国教育改革》，福建教育出版社 2001 年版。

19. 柳斌：《关于基础教育的思考》，上海教育出版社 1992 年版。

20. 王民译：《可持续发展教育》，中国轻工业出版社 2002 年版。

21. 张跃豪、马国栋编著：《就业状况调查与就业指导》，中国劳动社会保障出版社 2004 年版。

23. 吴薇主编：《就业指导》，华东师范大学出版社 2006 年版。

24. 柳清秀：《高校风险管理》，中国言实出版社 2009 年版。

后　记

又一个六年过去了，正如"子在川上曰：逝者如斯夫，不舍昼夜"。《高师院校可持续发展论》的成书定稿，使作者如释重负。同时，衷心感谢湖北省教育科学规划的立项和湖北师范学院社科出版基金的资助出版，也十分感谢中国社会科学出版社的编辑对书稿的严谨推敲、润色修改，才得以让《高师院校可持续发展论》顺利问世！

回想走过的艰辛历程，两鬓已生白发，眼角挂满皱纹！每当著作问世时，她给作者带来人生最大的快乐和责任，进而激励了作者明确的追求与奋斗——大学教师必须进行科学研究，探索事物的本源，发展科学，并且，持之以恒，才能出成果！

进行科研的人，走过的是一条艰苦而曲折的摸索之路，不可逾越。一般可以概括为起步、入门和提高三步走：起步是盲目追求效应，进行单打独斗，所写内容陈旧、散，研究没有方向，广种薄收，即投稿命中率很低；入门要向科研领军教师学习取经，确定研究方向，寻找切入口，深度挖掘内容，提炼新观点，严密论证、正确表达思想，找准投稿刊物，有针对性地投稿，开拓投稿新局面；

237

提高科研课题化，就是要科研人员团队化，科研成果的运用教学化。只有这样，才能形成明确的研究方向，培养科研新人，把科研成果用到教学上，实现科研成果的最终归属！

　　科研之路，它既花去了作者的岁月，催老了作者的年华，但自有后来人；又给作者带来了人生最大的快乐，挥不去的荣誉，却给科研新人增添了压力！高校科研人的一生就是行进在这种苦与乐和追求与奋斗的道路上。所以，作者悟出这样的感受，供同行们借鉴：科研，早起步，早收获；科研，晚起步，晚收获；科研，不起步，无收获！

　　谨以此书献给《高师院校可持续发展论》的团队成员！

柳清秀

2010 年寒假于武汉东湖